RISCOS
E CATÁSTROFES

I

IMPRENSA DA UNIVERSIDADE DE COIMBRA
COIMBRA UNIVERSITY PRESS

U

IMPRENSA DA
UNIVERSIDADE
DE COIMBRA
COIMBRA
UNIVERSITY
PRESS

LUCIANO LOURENÇO

(COORD.)

ALCAFACHE
30 ANOS DEPOIS

EDIÇÃO

Imprensa da Universidade de Coimbra
Email: imprensa@uc.pt
URL: http//www.uc.pt/imprensa_uc
Vendas online: http://livrariadaimprensa.uc.pt

COORDENAÇÃO EDITORIAL

Imprensa da Universidade de Coimbra

CONCEÇÃO GRÁFICA

António Barros

PRÉ-IMPRESSÃO

Fernando Felix

INFOGRAFIA DA CAPA

Mickael Silva

PRINT BY

CreateSpace

ISBN

978-989-26-1385-7

ISBN DIGITAL

978-989-26-1386-4

DOI

https://doi.org/10.14195/978-989-26-1386-4

RISCOS - ASSOCIAÇÃO PORTUGUESA DE RISCOS, PREVENÇÃO E SEGURANÇA
TEL.: +351 239 992 251; FAX: +351 239 836 733
E-MAIL: RISCOS@UC.PT

SUMÁRIO

PREFÁCIO

A realização, em simultâneo, do X Encontro Nacional de Riscos e das II Jornadas Técnicas da Federação dos Bombeiros do Distrito de Viseu, que tiveram lugar no dia 28 de maio de 2016, em Viseu, propiciaram as condições necessárias ao debate dos *acidentes ferroviários*, com o objetivo de *aprender com o passado*, uma vez que se centraram no acidente de Alcafache, ocorrido trinta anos antes.

Este forum congregou alguns dos principais protagonistas que, à época, participaram tanto no socorro, como na difusão da informação daquele que ficou conhecido como acidente de Alcafache. Por outro lado, reuniu vários especialistas que não só procederam à análise de outros acidentes ferroviários, ocorridos mais recentemente, tanto em Portugal, como em Espanha e França, mas também relataram a importância da dimensão do fator humano na segurança ferroviária e apresentaram o atual contexto quer em termos mundiais, quer no que diz respeito à organização do socorro às vítimas, assuntos que, na nossa modesta opinião, mereciam ser divulgados para além do ambiente confinado da Aula Magna do Instituto Politécnico de Viseu, onde se desenrolaram as sessões técnico-científicas.

Por isso, desde logo nos empenhámos para que todos intervenientes dessem à estampa as suas intervenções. Embora não tenhamos conseguido alcançar esse desiderato, o número de contributos reunidos foi suficiente para, de uma forma indelével, deixar para a posteridade não só o relato do sucedido com o mais grave acidente ferroviário português, mas também sobre vários outros aspetos relacionados com os acidentes ferroviários.

Deste modo, ainda que haja uma ligação próxima ao X Encontro Nacional de Riscos e às II Jornadas Técnicas da Federação dos Bombeiros do Distrito de Viseu, esta obra não pode ser entendida como um Livro de Atas dessa reunião técnico-científica, apesar de reunir os contributos dos vários intervenientes que se disponibilizaram para colaborar nesta edição. Com efeito, ao possibilitar aprender com o passado e com algumas experiências recolhidas a nível mundial, tanto no âmbito da gestão, como da emergência e da segurança das ferrovias, esta obra projeta-se para o futuro, pois poderá vir a ser útil a todos aqueles que se interessam pela temática dos comboios e, sobretudo, aos que serão chamados a prestar socorro em situações de acidentes graves e catástrofes ferroviárias.

Goulinho, 30 de dezembro de 2016.

Luciano Lourenço

ABORDAGEM GEOGRÁFICA DOS RISCOS ASSOCIADOS AO TRANSPORTE FERROVIÁRIO: OS GRANDES ACIDENTES FERROVIÁRIOS NO MUNDO, NA EUROPA E EM PORTUGAL

GEOGRAPHICAL APPROACH OF THE RISKS ASSOCIATED WITH THE RAILWAY: MAJOR RAILWAY ACCIDENTS IN THE WORLD, EUROPE AND PORTUGAL

Ricardo Fernandes
Departamento de Geografia e Turismo
Faculdade de Letras da Universidade de Coimbra
Centro de Estudos em Geografia e Ordenamento do Território (CEGOT)
r.fernandes@fl.uc.pt

Sumário: A dimensão geográfica da análise dos riscos associados ao transporte ferroviário é central na perceção dos diferentes atores envolvidos neste tipo de cenários de catástrofe e numa lógica de prevenção. O principal objetivo é analisar, numa perspetiva geográfica, alguns dos grandes acidentes ferroviários no Mundo, na Europa e em Portugal. Partindo da identificação das principais ocorrências, procura-se perceber a correlação dos acidentes identificados com os níveis de impacto das catástrofes e com a sua dimensão territorial, identificando diretrizes para uma discussão do risco do transporte ferroviário.

Palavras-chave: Riscos tecnológicos, transporte ferroviário, acidentes ferroviários, mundo, Portugal.

DOI: https://doi.org/10.14195/978-989-26-1386-4_1

Abstract: The geographical dimension of the risk analysis associated with railway is central in the perception of the different actors involved in this type of disaster scenarios and in a logic of prevention. The main goal is to analyze, from a geographic perspective, some of the major railroad accidents in the world, Europe and Portugal. Starting from the identification of the main incidents, it is sought to understand the correlation of the accidents identified with the disaster impact level and its territorial dimension, identifying the guidelines for a discussion on rail risk.

Keywords: Technological risks, railway, rail accidents, world, Portugal.

Transporte e acidentes ferroviários. A Geografia e a perceção das causas/consequências e risco(s)

Riscos associados ao transporte ferroviário: enquadramento e bases de concetualização inicial

A dinâmica dos transportes e os seus impactes na estrutura espacial são centrais para as discussões contemporâneas, caracterização das suas redes, identificação de orientações para a organização, planeamento e gestão de modos/ infraestruturas de transporte e para a perceção (geográfica) do *risco* relacionado (Haggett, 2001; Bavoux, 2005; Knowles *et al.*, 2007; Rodrigue *et al.*, 2013). Se, por um lado, em contexto de catástrofe ferroviária, se podem identificar várias condições/causas de índole técnica (que podem ser comuns a diferentes contextos espaciais e, até, a outros modos de transporte), por outro, surgem elementos que têm uma correlação com condições de ordem territorial e humana.

Considerando o caso específico do transporte ferroviário, a dimensão territorial e/ou geográfica é essencial para uma análise do *risco* e dos acidentes/ catástrofes (Hall, 1992; Semmens, 1994; Bibel, 2012; Haine, 2012; Rodrigue *et al.*, 2013; Richards, 2015). Neste sentido, este tipo de análise poderá explicar, de forma mais efetiva, as disparidades e variações de *suscetibilidade*, *probabilidade* e *vulnerabilidade* associadas aos *riscos* do transporte ferroviário. Tendo presente diferentes fatores geográficos de contexto (antrópicos e/ou naturais, dependendo do quadro territorial em causa), realidades socioeconómicas e demográficas, bem como dinâmicas intrínsecas aos níveis tecnológicos dos atores envolvidos, podem ser identificadas diferentes perceções deste *risco* e diversas traduções em cenário de acidente (Haine, 2012; Rodrigue *et al.*, 2013; Lourenço, 2014; Richards, 2015).

A presente leitura, tendo em conta que não pretende realizar uma análise da dimensão técnica, é importante na abordagem estatística e geográfica inicial que permita determinar alguns elementos associados à reconstrução de conceitos pouco presentes na literatura científica (*riscos* associados aos transportes). Num contexto de uma pouco expressiva exploração teórico-prática do conceito de *risco* associado ao transporte ferroviário, torna-se difícil defini-lo de forma linear. A reduzida base concetual e aplicada existente empola a relatividade/complexidade da definição do conceito, dos seus critérios e enquadramento (condicionado pela especificidade deste tipo de acidentes). Pese embora se identifiquem alguns estudos no quadro de *riscos* "naturais", "mistos" e "tecnológicos", apenas na última categoria se revelam algumas notas relativamente aos transportes (abordagem aos *riscos* do "transporte de matérias perigosas" - por exemplo modelos analíticos e espaciais como o *Aloha* e o *Wiser*).

A importância de se produzir conhecimento no domínio dos *riscos* associados aos transportes (e acidentes), nomeadamente no caso do ferroviário, acentua a necessidade de cruzamento concetual prévio com a construção teórica de outros tipos de *riscos* mais estudados (p.e. os naturais). Independentemente de não se perseguir esse objetivo, é necessário enquadrar a perceção do *risco* com base em diferentes modelos concetuais de *risco* (mais genéricos) adaptando-os, mesmo que de forma relativa e complexa, ao transporte ferroviário.

Considerando diferentes abordagens, podemos definir *risco(s)* associado(s) ao(s) transporte ferroviário como o conjunto das *"probabilidades de ocorrência de um processo/ação perigoso (acidente ferroviário) e a respetiva estimativa das suas consequências*" (Hall, 1992; Semmens, 1994; Bibel, 2012; Haine, 2012; Rodrigue *et al.*, 2013; Richards, 2015). À semelhança de outros tipos de "*risco*", estas consequências podem ser (direta ou indiretamente) infligidas sobre pessoas, bens ou ambiente, expressas em danos corporais (feridos e/ou mortes) e/ou prejuízos materiais (nas composições, na infraestrutura ferroviária, nos terminais, entre outros). No caso específico dos transportes, sublinhamos a centralidade de consequências funcionais e logísticas (tempos de espera, inviabilização temporária e/ou definitivas de movimentos por via ferroviária, entre outros) (fig. 1).

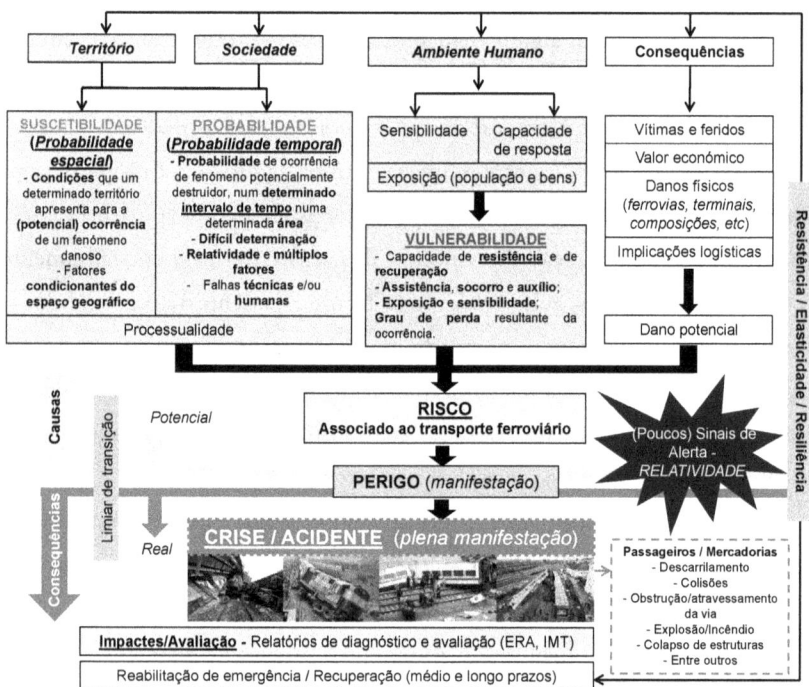

Fig. 1 – Adaptação de modelo usado para análise de manifestações de risco
- representação das suas principais componentes:
risco-perigo-crise (Baseado em Lourenço, 2014).

*Fig. 1 – Adaptation of the model used for risk analysis manifestations
- representation of its main components:
risk-hazard-crisis (Based on Lourenço, 2014).*

Tendo em conta a especificidade, relatividade e difícil determinação deste tipo de *riscos*, devem considerar-se os conceitos de *suscetibilidade*, *probabilidade* e *vulnerabilidade*, enquadrados, analisados e medidos de uma forma mais intangível (quando comparados, por exemplo, com os *riscos* de índole natural). No contexto dos elementos de "território e sociedade", surge o conceito de *suscetibilidade* que se refere às condições que um determinado território apresenta para a (potencial) ocorrência de um fenómeno danoso. Incorporando uma *probabilidade espacial* e reunindo os fatores condicionantes do espaço geográfico, é de difícil determinação pois está intimamente ligado a elementos infraestruturais, níveis de desenvolvimento (técnico/tecnológico) dos transportes, bem como aos recursos humanos e intensidade/densidade de fluxos.

O conceito de *probabilidade* (temporal) é de ainda maior complexidade e relatividade quanto à sua determinação, referindo-se à probabilidade de ocorrência de um fenómeno potencialmente danoso (acidente ferroviário) num determinado intervalo de tempo e numa determinada área. Tendo em conta que neste caso específico existem inúmeros fatores que dependem de elementos técnicos e/ou humanos, a identificação da *probabilidade* é subjetiva e dificilmente enquadrada em termos aplicados/operacionais. O conceito de *vulnerabilidade* e, neste contexto, mais mensurável, referindo--se à capacidade de resistência e de recuperação de um acontecimento danoso. A *vulnerabilidade* incorpora o nível de capacidade de assistência, socorro e auxílio (medida pelo número, qualidade e eficácia/eficiência dos meios e a sua intervenção específica) e considera os elementos (mais subjetivos) de exposição ao fenómeno, sensibilidade e determinação do grau de perda da ocorrência.

Paralelamente, é importante sublinhar que a determinação de consequências ao nível do número de feridos, mortes, impactes económicos e/ou logísticos, é essencial para a avaliação do *risco* (Bibel, 2012; Haine, 2012; Rodrigue *et al.*, 2013; Richards, 2015). Se a montante a determinação do *dano potencial* é importante, a jusante, na perspetiva de um cenário de "pós-acidente", os processos de diagnóstico e avaliação associados a processos de recuperação de uma *plena manifestação do risco*, são essenciais para que se consiga determinar o *risco* e melhorar as performances de auxílio, socorro e as condições infraestruturais, técnicas e humanas.

Acidentes ferroviários: alicerces para uma matriz de enquadramento e definição

Independentemente da importância da concetualização do *risco* associado ao transporte ferroviário, a tónica recairá pela perspetiva dos acidentes ferroviários (definição, dinâmicas, causas/percursores e principais tipos de acidentes). Num primeiro momento e tendo como referência a Geografia dos Transportes, *acidente* (no quadro dos transportes) pode ser considerado uma "*ocorrência que envolve danos a pessoas (ferimentos e/ou morte) e/ou à infraestrutura física*" (Rodrigue *et al.*, 2013). Muitas das vezes traduz "*imprevistos quanto à sua natureza, dimensão, extensão e probabilidade*". Pode traduzir pouca (ou inexistente) avaliação/preparação da potencial ocorrência e refletir lacunas na determinação e/ou gestão de *risco(s)* associado(s) (*imprevisibilidade*). De forma transversal a todas as áreas, esta *plena manifestação do risco*, reflete custos (diretos e/ou indiretos) materiais, imateriais, humanos, logísticos, funcionais, entre outros (Rodrigue *et al.*, 2013).

Considerando um *acidente ferroviário* uma ocorrência que envolve uma ou mais composições durante a sua operação nas ferrovias e que implica danos (materiais, imateriais, económicos/logísticos e/ou humanos), existem um conjunto de dinâmicas que devem ser consideradas para a análise deste tipo de acidentes e, consequentemente, centrais para determinação dos *riscos* associados (Hall, 1992; Bibel, 2012; Haine, 2012; Rodrigue *et al.*, 2013; Richards, 2015). Para que se analisem acidentes ferroviários numa perspetiva geográfica, deve ter-se em conta que estes acontecimentos ocorrem na sequência de processos complexos e relativos de índole técnica e humana, sendo as falhas (associadas aos modos e meios de transporte, infraestruturas, terminais e sistemas de gestão e ao controlo e segurança) centrais para a sua perceção. Associados à ocorrência de acidentes ferroviários podem ser identificados outros elementos essenciais para a sua perceção, como o aumento da mobilidade e a complexidade, densidade e intensidade dos fluxos de transporte.

Paralelamente, temos que considerar outras dinâmicas intrínsecas ao nível tecnológico dos atores e territórios (densidade, intensidade dos fluxos ferroviários e diferentes perceções do *risco* e *acidente*). Para a interpretação e prevenção dos acidentes ferroviários, observa-se uma preponderância dos fatores geográficos de contexto (antrópicos e/ou naturais, materiais e/ou imateriais, dependendo do contexto territorial), das realidades demográficas e socioeconómicas e das diversas questões territoriais (que criam diferentes condicionantes, especificidades e disparidades). Um outro grupo de elementos a considerar, está associado à prevenção das ocorrências e à segurança, gestão e auxílio/socorro em contexto de acidente. *A posteriori*, como elementos de diferenciação territorial, surge a capacidade de "ajustamento" ao *dano potencial*, bem como a resistência e recuperação às perdas. Existem outras dinâmicas que se relacionam, mesmo que pontualmente, à ocorrência (mais ou menos intensa) de acidentes ferroviários, exemplos de "eventos" de pirataria, terrorismo, conflitos, choques económicos e/ou políticos, que podem despoletar ocorrências gravosas.

Com base nos diferentes elementos teóricos e empíricos apontados, tendo em conta os diversos contextos espaciais e que estes podem ocorrer simultaneamente, podem ser elencados diferentes tipos de acidentes ferroviários: *descarrilamento*, *colisão* (entre composições/comboios; com automóveis e/ou edificações, após descarrilamento), *obstrução e/ou atravessamento da via*, *atropelamento* (mesmo sendo comum, é mais específico quanto à génese), bem como outros menos comuns, casos de acidentes por *explosão, incêndio e/ou eletrocussão, colapso estrutural de infraestruturas* (p.e. pontes, túneis, carris, vias permanentes, entre outros), *fatores de cariz natural* (*indiretos* – podem despoletar os restantes tipos), entre outros (mais específicos e/ou pontuais).

Os diferentes tipos de acidentes ferroviários podem, em paralelo, ser cruzados com diferentes causas/percursores destes acontecimentos danosos, numa perspetiva humana/antrópica, técnica, natural e mista (TABELA I). À semelhança dos diferentes tipos de acidentes, as suas causas podem ser igualmente transversais, mútuas e múltiplas, sendo que um acidente poder ser explicado, ao mesmo tempo, por fatores humanos, técnicos e naturais.

TABELA I – Principais causas/percursores dos acidentes ferroviários.
TABLE I - Main causes / precursors of railway accidents.

Principais causas/percursores dos acidentes ferroviários		
- Erro humano generalizado; - Desrespeito por sinalização, barreiras e outros; - Excesso de velocidade; - Falhas nas manobras na via e/ou terminal; - Desrespeito por indicações de gestão de tráfego; - Atos de terrorismo, conflitos e outros; - Outras causas/ percursores.	- Deterioração das estruturas das ferrovias e/ou equipamentos e veículos associados (comboios e outros); - Falhas de equipamentos de sinalização, segurança, barreiras, entre outros; - Falhas de equipamentos de gestão de tráfego (infraestruturas, software, comunicações, entre outros); - Deficiência/avaria na composição; - Problemas nas infraestruturas e/ou terminais; - Outras causas/ percursores.	- Nevoeiro; - Terramotos/sismos; - Deslizamento de terras; - Instabilidade de vertentes; - Avalanches; - Inundações; Outros elementos climáticos e/ou associados ao estado de tempo; - Outras causas/ percursores.
Desmoronamentos, colapsos e outros / Falhas nos equipamentos de gestão de tráfego, bem como nos de sinalização, segurança, barreiras, etc; / Carga excessiva (mercadorias e/ou passageiros), entre outras;		

Perspetiva geográfica dos acidentes ferroviários no Mundo, Europa e em Portugal. Principais dados e exemplos

Aspetos metodológicos

O principal objetivo da presente investigação é analisar estatística e geograficamente os acidentes ferroviários a diferentes escalas (Mundo, Europa e Portugal), permitindo realizar uma espacialização das diferentes ocorrências e uma leitura espacial dos acidentes no sentido da construção do conceito de *risco* e das suas disparidades territoriais.

Para a realização dessa análise construiu-se uma base de dados dos principais acidentes ferroviários no Mundo. Tendo em conta a dispersão de informação (por vezes ausência e/ou cariz incompleto), realizou-se um cruzamento de um conjunto de informação (complexa, dispersa e relativa e, mesmo assim, refletindo a falta de algumas ocorrências/acidentes). Considerando para a análise os acidentes ferroviários com vítimas mortais, existiu a necessidade de consultar/ utilizar um conjunto alargado de fontes, numa perspetiva de recolha temporal e espacial, integrando todas as ocorrências identificadas (*recolha online, periódi-*

cos, jornais, revistas, *Wikipédia*, observatório *Lumo Transport, European Railway Agency* – relatórios de segurança e sítio internet - e em algumas publicações, por exemplo, *Edgar Haine*, "Railway Wrecks").

Em termos metodológicos, a construção da base de dados (principal ferramenta da presente análise), integrou diferentes campos de recolha e informação/atributos: *data da ocorrência* (dia, mês e ano, mesmo que em alguns casos aproximado); *fonte* (quando aplicável); *localização* (específica, concelho, país e continente); *coordenadas geográficas* (georreferenciação/cartografia); *tipo de acidente* (quando determinado); *principal causa e outras causas* (quando determinadas); *número de mortes e feridos* (quando determinados). Independentemente de se terem realizado alguns testes estatísticos e utilizado algumas metodologias de tratamento de dados mais complexas (sem resultados significativos), a análise foi centrada na leitura simples da informação, na criação de tipologias e no recurso a tabelas dinâmicas para tratamento estatístico, gráfico e cartográfico.

Principais acidentes no Mundo e na Europa

Partindo dos atributos recolhidos para os acidentes identificados na base de dados e no sentido de se caraterizar o padrão espacial e frequência das ocorrências, consideraram-se apenas os acidentes com mortes. Esta perspetiva multiescalar permite-nos enquadrar Portugal e perceber a dimensão da existência de ocorrências a diferentes escalas, tentando perspetivar os *riscos* associados ao transporte ferroviário.

Com efeito, foram identificados 429 acidentes ferroviários (com mortes) em cerca de 57 países e num período temporal entre 1865 (data do primeiro acidente identificado) e 2016 (Tabela II). No que se refere às fontes de informação, a principal origem dos dados resultou dos relatórios de segurança da *European Railway Agency (ERA)* (223 ocorrências) e da publicação de *Edgar Haine* (2012) (98 ocorrências), logicamente condicionando a sua distribuição espacial e a informação disponível acerca de cada um dos acidentes. Por grandes unidades espaciais, observou-se uma forte preponderância na Europa (81,29% dos 429 acidentes contabilizados - fruto da maior informação da *ERA*), Ásia (8,55%), América do Sul (4,19%) e África (3,23%), sendo que Portugal, muito devido à génese das fontes apresenta valores com alguma expressão (18,4% do total de ocorrências).

Numa perspetiva evolutiva (no período da recolha - 1865 a 2016), observa-se que grande parte dos acidentes ocorreram após 1975 (21,68% entre 1975 e 1999; 26,11% de 2000 a 2010; 25,87% depois de 2010) (fig. 2). Este comportamento está relacionado principalmente como a disponibilidade de informação estatística e técnica a partir dos anos 80 e 90, em detrimento da maior ocorrência de eventos danosos e intensidade dos fluxos ferroviários em alguns territórios. Mesmo que sem tanta expressão, a análise da frequência média mensal dos acidentes é interessante, verificando-se uma maior predominância (mesmo que não muito significativa) da ocorrência nos meses de janeiro (10,96%) e entre os meses de Junho e Setembro.

Espacialmente, no quadro da localização específica dos acidentes ferroviários e da sua contabilização por país, verificamos que grande parte das ocorrências foram registadas na Europa e em países como Portugal (18,41% dos acidentes;

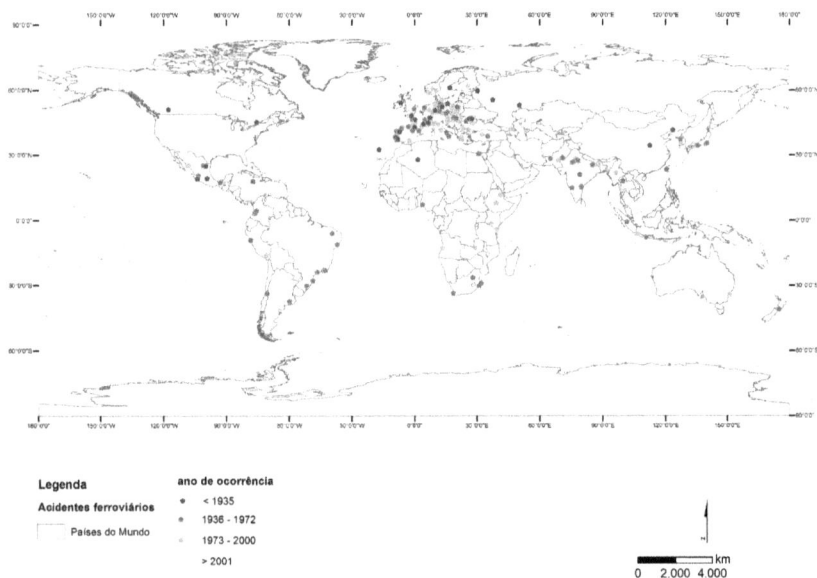

Fig. 2 – Localização dos acidentes ferroviários no mundo, por ano (1865-2016).

Fig. 2 – Location of railway accidents in the world per year (1865-2016)..

TABELA II - Lista de acidentes ferroviários no mundo (mais de150 mortes) (1865-2016).

TABLE II - List of railway accidents in the world (more than 150 deaths) (1865-2016).

Nº	Ano	Dia	Mês	Localização	País	Tipo de Acidente	Nº Feridos	Nº Mortos
1	2004	26	Dezembro	Peraliya	Sri Lanka	Descarrilamento	---	1700
2	1981	6	Abril	Bagmati	Índia	Descarrilamento	---	800
3	1917	13	Janeiro	Ciurea	Roménia	Descarrilamento	---	700
4	1981	6	Junho	Mansi	Índia	Descarrilamento	---	608
5	1989	4	Junho	Slobodzinski	Moldávia	Explosão/Incêndio/Eletrocussão	---	607
6	1915	22	Janeiro	Colima	México	Descarrilamento	250	600
7	1989	4	Junho	Asha	Rússia	Explosão/Incêndio/Eletrocussão	---	575
8	1917	12	Dezembro	Modane	França	Descarrilamento	---	540
9	1944	2	Março	Balvano	Itália	Barreira e Queda/colpaso de ponte/túnel	---	530
10	1944	16	Janeiro	Torre del Bierzo	Espanha	Colisão (entre comboios)	---	500
11	1985	14	Janeiro	Arba	Etiópia	Descarrilamento	---	450
12	1985	13	Janeiro	Afar	Etiópia	Descarrilamento	---	428
13	1947	1	Julho	Sumatra	Indonésia	Colisão (entre comboios)	---	400
14	2002	20	Fevereiro	Cairo	Egipto	Explosão/Incêndio/Eletrocussão	---	383
15	1995	20	Agosto	Firozabad	Índia	Colisão (entre comboios)	---	355
16	1995	20	Agosto	Nova Delhi	Índia	Colisão (entre comboios)	---	350
17	2004	18	Fevereiro	Neyshabur	Irão	Descarrilamento	---	320
18	1915	21	Junho	MonteMorelos	México	Descarrilamento	200	300
19	1957	29	Setembro	Gambar	Paquistão	Colisão (entre comboios)	150	300
20	1994	22	Setembro	Benguela	Angola	Descarrilamento	---	300
21	1999	2	Agosto	Gaisal	Índia	Colisão (entre comboios)	---	288
22	1939	22	Dezembro	Genthin	Alemanha	Colisão (entre comboios)	200	231
23	1957	29	Setembro	Ibadane	Nigéria	Descarrilamento	147	225
24	1881	22	Junho	Cidade do México	México	Barreira e Queda/colapso de ponte/túnel	50	216
25	1990	3	Janeiro	Sukhur	Paquistão	Colisão (entre comboios)	---	210
26	1972	5	Outubro	Saltillo	México	Descarrilamento	700	208
27	1933	23	Dezembro	Lagny	França	Colisão (entre comboios)	300	200
28	1949	24	Outubro	Nowydwor	Polónia	Descarrilamento	200	200
29	1935	24	Setembro	Loyang	China	Descarrilamento	200	200
30	2002	25	Maio	Maputo	Moçambique	Descarrilamento	---	195
31	1946	20	Março	Aracaju	Brasil	Descarrilamento	200	185
32	1940	29	Janeiro	Osaka	Japão	Descarrilamento	400	173
33	1957	1	Setembro	Kendal	Jamaica	Descarrilamento	400	173
34	1963	9	Novembro	Yokohama	Japão	Colisão (entre comboios)	66	162
35	1962	3	Maio	Tóquio	Japão	Colisão (entre comboios)	383	160
36	1953	24	Dezembro	Tanhwaie	Nova Zelândia	Barreira e Queda/colapso de ponte/túnel	---	155
37	2004	22	Abril	Ryongchon	Coreia do Norte	Colisão (entre comboios)	---	154
38	1987	19	Outubro	Jacarta	Indonésia	Colisão (entre comboios)	---	152
39	1985	11	Setembro	Alcafache	Portugal	Colisão (entre comboios)	Vários	150
40	1992	1	Novembro	Reti	Índia	Colisão (entre comboios)	---	150

fontes e mais informação disponível), Alemanha (7,46%), Hungria (6,99%), França (6,06%), Espanha e Polónia (5,13%), República Checa (4,90%), Itália (3,50%), Reino Unido (3,03%), Índia e Roménia (2,80%), Brasil e Áustria (2,33%), entre outros (TABELA III).

Para além da existência de mais informação e dados em algumas unidades espaciais, esta distribuição poderá estar igualmente associada a uma maior exten-são/densidade da rede ferroviária, do número de composições a circular, número de passageiros, toneladas de mercadorias e maior densidade e intensidade dos fluxos e "nós" (alicerçando-se os conceito de *probabilidade espacial* e *temporal*).

Partindo da construção do conceito de *risco* associado ao transporte ferroviário, devem considerar-se os *danos potenciais* e consequências como "drivers" centrais para a sua concetualização. A análise dos acidentes ferroviários na perspetiva das mortes causadas poderá ser importante para se relacionar as ocorrências com as dimensões da *suscetibilidade*, *probabilidade* e *vulnerabilidade*, percebendo, numa perspetiva geográfica, lógicas de cruzamento entre os eventos, número de mortes e localização/contexto territorial. Considerando as mortes, verifica-se uma concentração destes danos na Europa, com uma parte significativa das 22.440 mortes (TABELA III).

Paralelamente a todas estas dinâmicas, a Europa (mesmo que com maior número de acidentes ferroviários) acaba por ter um menor número médio de mortes por acidente. Outras localizações externas ao espaço europeu, mesmo que de forma mais pontual, traduzem a ocorrência de acidentes com número médio de mortes bem mais elevado. Neste contexto, independentemente da informação disponível traduzir um menor número efetivo de ocorrências danosas, o seu con-texto territorial e/ou a especificidade gravosa do acidente e a(s) sua(s) causa(s), fez com que existisse um número levado de feridos e mortes (fig. 3 e TABELA II).

Em paralelo à dificuldade em estabelecer um padrão espacial sólido relativamente à distribuição espacial dos acidentes ferroviários e mortes associadas, é importante sublinhar que o carácter aleatório de mortes nos acidentes ferroviários tem uma expressão mais relacionada com a singularidade da(s) ocorrência(s), as condições específicas da localização, dos movimentos, das infraestruturas e da densidade de utilização/circulação. No fundo, as consequências diretas nas vidas humanas poderão estar associadas a acontecimentos e fatores muito pontuais que acentuam a centrali-

TABELA III – Acidentes ferroviários no mundo, por país e número de mortes (1865-2016).
TABLE III - Railway accidents in the world, by country and number of deaths (1865-2016).

Acidentes ferroviários e mortes associadas no Mundo							
		MORTES		ACIDENTES		MORTES		ACIDENTES
Índia	3008	13,40	12	2,80	Turquia	175	0,78	3	0,70
Sri Lanka	1700	7,58	1	0,23	Jamaica	173	0,77	1	0,23
México	1509	6,72	7	1,63	Perú	162	0,72	2	0,47
França	1196	5,33	26	6,06	Nova Zelândia	155	0,69	1	0,23
Roménia	1022	4,55	12	2,80	Coreia do Norte	154	0,69	1	0,23
Etiópia	878	3,91	2	0,47	Suiça	139	0,62	2	0,47
Brasil	871	3,88	10	2,33	Croácia	127	0,57	3	0,70
Espanha	847	3,77	22	5,13	Coreia do Sul	122	0,54	3	0,70
Rússia	780	3,48	5	1,17	Birmânia	102	0,45	1	0,23
Itália	732	3,26	15	3,50	Holanda	97	0,43	3	0,70
Portugal	731	3,26	79	18,41	Tailândia	89	0,40	2	0,47
Japão	699	3,11	5	1,17	Canadá	83	0,37	2	0,47
Indonésia	694	3,09	4	0,93	Austrália	80	0,36	1	0,23
Alemanha	618	2,75	32	7,46	Irlanda	75	0,33	1	0,23
Moldávia	607	2,70	1	0,23	Colômbia	66	0,29	2	0,47
Paquistão	602	2,68	4	0,93	Suécia	56	0,25	5	1,17
Polónia	448	2,00	22	5,13	Algéria	50	0,22	1	0,23
Egipto	411	1,83	2	0,47	Chile	49	0,22	1	0,23
Reino Unido	360	1,60	13	3,03	Taiwan	48	0,21	1	0,23
Irão	320	1,43	1	0,23	Eslováquia	41	0,18	9	2,10
Angola	300	1,34	1	0,23	Noruega	40	0,18	7	1,63
República Checa	280	1,25	21	4,90	Bélgica	38	0,17	7	1,63
África do Sul	259	1,15	4	0,93	Áustria	26	0,12	10	2,33
Hungria	255	1,14	30	6,99	Bulgária	25	0,11	5	1,17
Argentina	253	1,13	3	0,70	Grécia	21	0,07	5	1,17
China	250	1,11	2	0,47	Finlândia	16	0,07	6	1,40
Nigéria	225	1,00	1	0,23	Eslovénia	2	0,01	2	0,47
Moçambique	195	0,87	1	0,23	Dinamarca	1	0,00	1	0,23
Quénia	178	0,79	2	0,47	**Total Geral**	22440	100,0	429	100,0

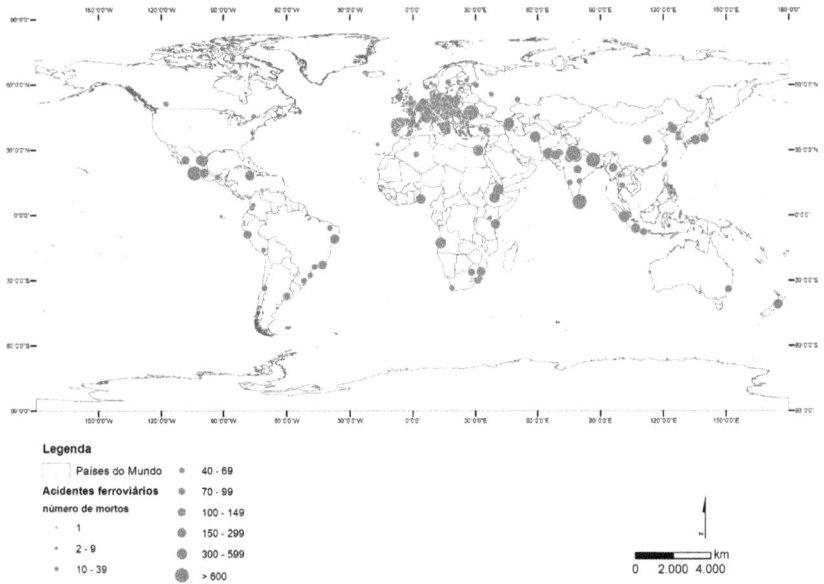

Fig. 3 – Localização dos acidentes ferroviários, por nº de mortes (1865-2016).

Fig. 3 – Location of railway accidents in the world, by number of deaths (1865-2016).

dade dos acidentes de grande dimensão (mesmo que espacialmente aleatórios), mas com uma tendência para a observação de um maior número médio de mortes em países menos desenvolvidos (lacunas técnicas, infraestruturais, de auxílio e socorro, maiores densidades populacionais e menores capacidades/competências técnicas a montante e/ou a jusante do acidente, bem como na relação direta com catástrofes naturais e ocorrências inesperadas que despoletam o acidente).

Pensando nestes pressupostos e cruzando-os com a evolução do número de mortes nos acidentes ferroviários no mundo, facilmente identificamos ocorrências que contribuem para os quantitativos das mortes sem que haja um padrão espacial predefinido e uma lógica temporal dos acontecimentos (fig. 4).

Uma outra dimensão de análise importante refere-se à abordagem aos acidentes ferroviários por tipo. Dos 429 acidentes identificados no Mundo e tendo em conta todos os elementos e fatores discutidos até ao momento, existe uma predominância de ocorrências relacionadas com *colisões por atravessamos/ obstrução* (com cerca de 31,00% dos eventos), *colisão entre comboios* (30,54%),

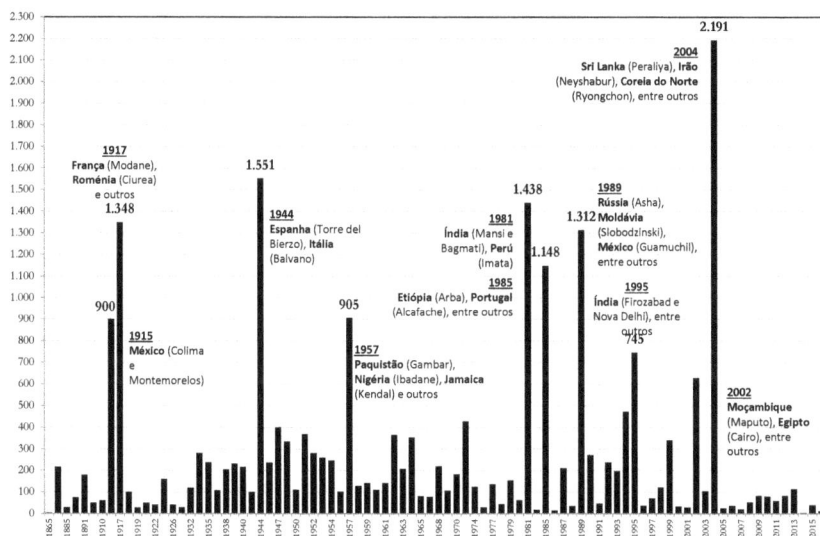

Fig. 4 – Evolução do número de mortes em acidentes ferroviários no mundo, por ano (1865-2016).

Fig. 4 – Evolution of the number of deaths in railway accidents in the world per year (1865-2016).

descarrilamentos (20,05%) e *atropelamentos* (12,59%), sendo que praticamente todos estes se relacionam com causas associadas à maior intensidade dos fluxos e infraestruturas.

Espacialmente, tendo em consideração a maior concentração de informação/ acidentes na Europa, observa-se uma maior diversidade de tipos de ocorrências neste bloco espacial (contudo, refletindo o padrão de tipologia dos valores globais para o Mundo) (fig. 5). Pensando nos restantes territórios, como por exemplo a Ásia, existe uma maior centralidade de *colisões entre comboios*, descarrilamentos e *explosões, incêndios e eletrocussão*.

Focalizando a análise à escala europeia, não se verificam grandes alterações relativamente ao número de acidentes e distribuição/localização espacial, bem como o impacte nas consequências humanas destas ocorrências (mortes).

À semelhança de dinâmicas anteriores, a localização dos acidentes não traduz (diretamente) um padrão espacial definido e as suas consequências. Considerando o número de mortes, estas dinâmicas estão associadas a acontecimentos pontuais

23

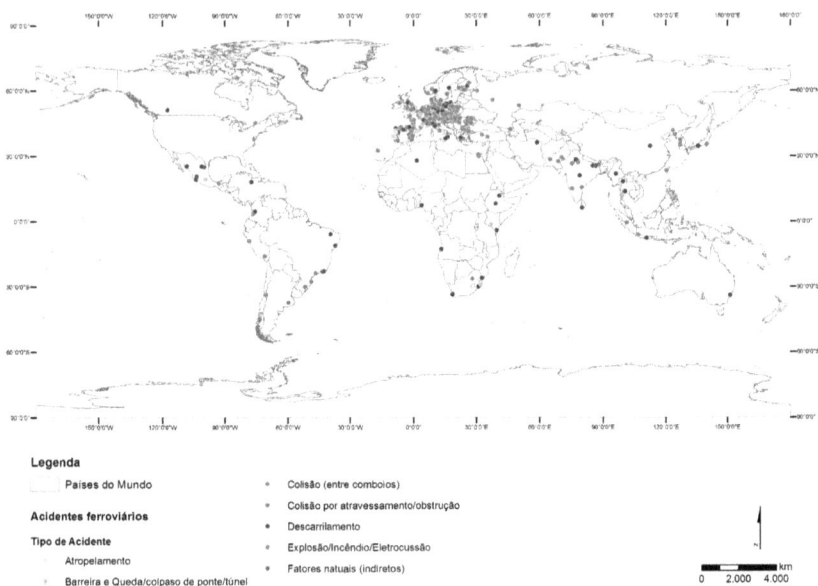

Fig. 5 – Localização dos acidentes ferroviários no mundo, por grande tipo de acidente (1865-2016).

Fig. 5 – Location of railway accidents in the world, by major type of accident (1865-2016).

e de características muito específicas, de que são exemplo os acidentes ferroviários de *Santiago de Compostela* (Espanha), *Ciureia* (Roménia), *Slobodzinski* (Moldávia), *Eschede* (Alemanha), *Alcafache* (Portugal), *Modane* (França), entre outros (fig. 6). Em paralelo, considerando a análise das ocorrências na Europa por grande tipo de acidente ferroviário, sublinha-se a maior diversidade dos eventos face ao seu tipo e à maior correlação com a informação disponível, as intensidades e densidades dos fluxos, infraestruturas e terminais ferroviários nestes territórios (fig. 7).

Geografia(s) dos acidentes ferroviários em Portugal

Independentemente da abordagem à escala mundial e europeia já ter evidenciado, indiretamente, alguns comportamentos dos acidentes ferroviários em Portugal, torna-se imperativo especificar de forma mais focalizada alguns

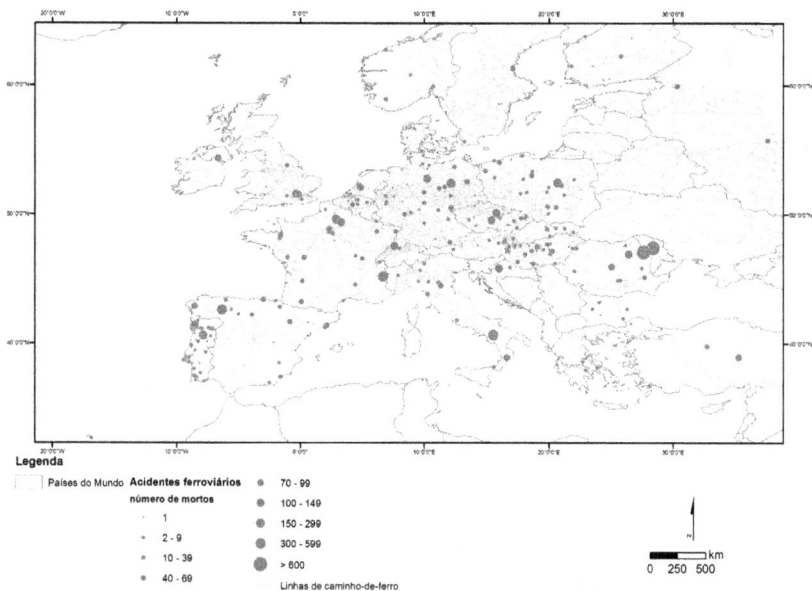

Fig. 6 – Localização dos Acidentes ferroviários na Europa, por nº de mortes (1865-2016).

Fig. 6 – Location of railway accidents in Europe by number of deaths (1865-2016).

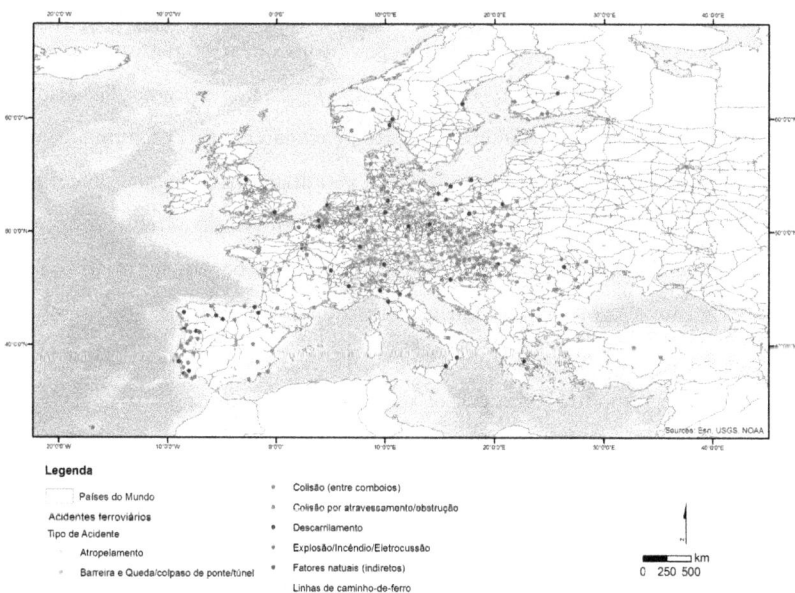

Fig. 7 – Acidentes ferroviários na Europa, por grande tipo de acidente (1865-2016).

Fig. 7 – Railway accidents in Europe by major type of accident (1865-2016).

dos principais comportamentos. No período considerado foram identificados 79 acidentes ferroviários com mortes (cerca de 18,41% do total de 429 ocorrências no Mundo), não se verificando, estruturalmente, grandes diferenças ao nível dos padrões espaciais, tipo de acidentes, causas/percursores. A tendência indica-nos uma maior representatividade de ocorrências pontuais, tendo em conta enquadramentos específicos/aleatórios da localização espacial dos eventos, causas, consequências e tipo de acidente. Neste contexto, ganham representatividade ocorrências "chave" que, por diferentes razões, tiveram fortes impactes antrópicos, técnicos, infraestruturais e, até mesmo, naturais nas suas localizações (*Alcafache*, 1985; *Vila Nova de Famalicão*, 1964; *Custóias*, 1964; *Póvoa de Santa Iria*, 1986; *Baião*, 2009; entre outros) (TABELA IV).

Dos acidentes identificados em Portugal, grande parte ocorreram após o ano 2000 (20,25%, entre 2000 e 2010 e 54,43% depois de 2010). Este comportamento está relacionado, principalmente, com a disponibilidade de informação estatística e técnica a partir do final dos anos 90 e início de 2000, mais do que pela maior ocorrência de eventos danosos e intensidade dos fluxos ferroviários em alguns territórios. Tendo em conta a semelhança com o dinamismo geral (Mundo e Europa), sublinham-se os acidentes isolados que, pelas consequências, marcam a evolução das ocorrências. Espacialmente, considerando a localização específica dos acidentes ferroviários (dimensão do número de mortes) e contabilização por concelho, verificamos que grande parte das ocorrências são aleatórias espacialmente, porém como uma forte correlação com territórios que integram ferrovias (fig. 8). Esta distribuição poderá estar associada a uma maior extensão/densidade da rede ferroviária e intensidade de fluxos, centrando as ocorrências em torno das duas áreas metropolitanas nacionais (acidentes mais recentes), ao longo das ferrovias do Norte, Beiras e Douro.

Por último, importa considerar os acidentes ferroviários em Portugal na perspetiva do tipo de ocorrência (fig. 9). Com efeito, dos 79 acidentes identificados, quase metade (45,57%) foram *atropelamentos*. Contudo, verifica-se expressão também de tipo de ocorrências associadas à *colisão por atravessamento/obstrução* (25,32%), *descarrilamento* (11,39%) e *colisão entre comboios* (10,13%). Em termos espaciais e de forma sumária, grande parte dos atropelamentos estão associados à linha de caminho-de-ferro do Norte e à proximidade das duas áreas metropolitanas portu-

TABELA IV - Lista de acidentes ferroviários em Portugal, com 3 mortes e mais (1865-2016).
TABLE V - List of railway accidents in Portugal, with 3 deaths and more (1865-2016).

Nº	Ano	Dia	Mês	Localização	Concelho	Tipo de Acidente	Nº Feridos	Nº Mortos
1	1985	11	Setembro	Alcafache	Mangualde	Colisão (entre comboios)	Vários	150
2	1964	26	Julho	Vila Nova de Famalicão	Vila Nova de Famalicão	Descarrilamento	Vários	102
3	1964	26	Julho	Matosinhos (Custóias)	Matosinhos	Colisão (entre comboios)	Vários	101
4	1963	28	Maio	Lisboa (Cais do Sodré)	Lisboa	Barreira e Queda/colpaso de ponte/túnel	Vários	49
5	1954	13	Setembro	Odemira (Sabóia)	Odemira	Descarrilamento	34	34
6	1885	16	Junho	Vila Nova de Foz Côa (Pocinho)	Vila Nova de Foz Côa	Fatores natuais (indiretos)	Vários	29
7	1952	31	Março	Lisboa (Gibalta)	Lisboa	Barreira e Queda/colpaso de ponte/túnel	Vários	19
8	1984	26	Abril	Paredes (Recarei)	Paredes	Colisão por atravessamento/ obstrução	Vários	17
9	1986	5	Maio	Póvoa de Santa Iria	Vila Franca de Xira	Colisão (entre comboios)	Vários	14
10	1952	31	Março	Cascais	Cascais	Fatores natuais (indiretos)	38	10
11	1921	9	Novembro	Setúbal (Figuei-rinha)	Setúbal	Descarrilamento	90	9
12	2009	1	Setembro	Baião	Baião	Colisão por atravessamento/ obstrução	1	6
13	1997	8	Novembro	Lagoa (Estômbar)	Lagoa	Colisão (entre comboios)	14	6
14	1994	17	Fevereiro	Silves (São Marcos da Serra)	Silves	Colisão por atravessamento/ obstrução	2	6
15	2009	1	Setembro	Baião (Ponte de Quebradas)	Baião	Colisão por atravessamento/ obstrução	0	5
16	1991	28	Julho	Carregal do Sal	Carregal do Sal	Colisão por atravessamento/ obstrução	0	3
17	2002	4	Abril	Lousã	Lousã	Colisão (entre comboios)	4	5
18	1919	10	Setembro	Funchal (Monte)	Funchal	Explosão/Incêndio/Eletrocussão	Vários	4
19	2008	11	Março	Leiria (Montijos)	Leiria	Colisão por atravessamento/ obstrução	0	4
20	1949	26	Setembro	Lisboa (Rossio)	Lisboa	Atropelamento	Vários	4

guesas (maiores fluxos, número de composições em movimento e à preponderância das passagem de nível), sendo que as restantes tipologias (p.e. colisões por atravessamento/obstrução e a colisão entre comboios) estão mais dispersas e apresentam-se espacialmente de forma mais aleatória

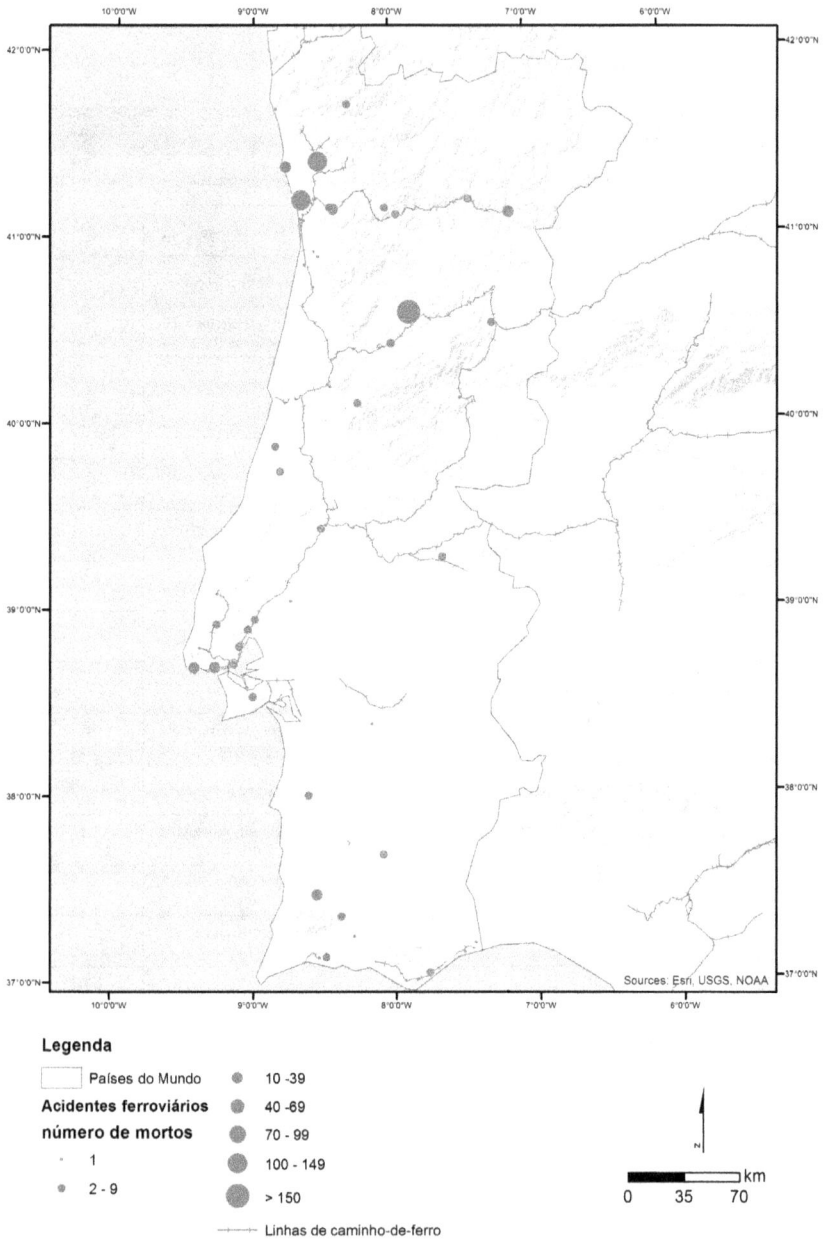

Legenda

☐ Países do Mundo	●	10 -39
Acidentes ferroviários	●	40 -69
número de mortos	●	70 - 99
· 1	●	100 - 149
● 2 - 9	●	> 150

——— Linhas de caminho-de-ferro

```
km
0    35   70
```

Fig. 8 – Acidentes ferroviários em Portugal por nº de mortes (1865-2016).

Fig. 8 – Railway accidents in Portugal, by number of deaths (1865-2016).

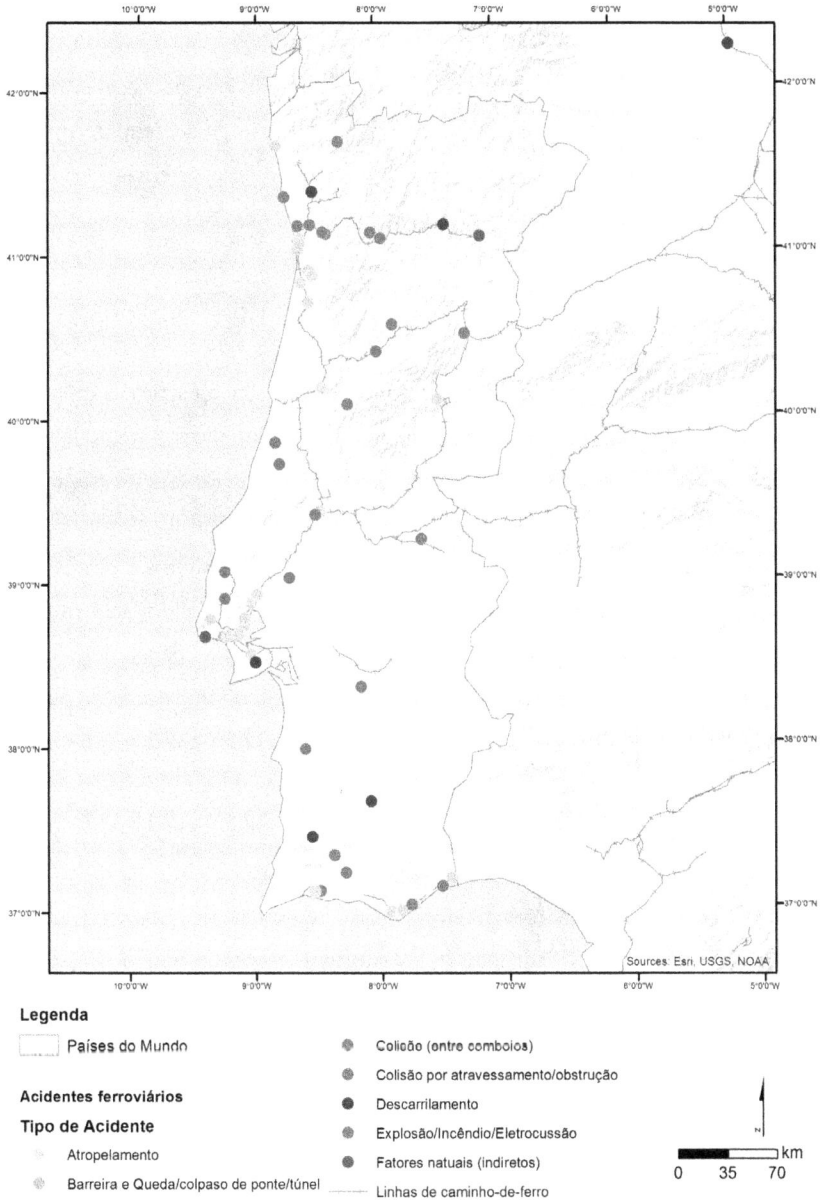

Legenda

Países do Mundo

Acidentes ferroviários
Tipo de Acidente
- Atropelamento
- Barreira e Queda/colpaso de ponte/túnel

- Colisão (entre comboios)
- Colisão por atravessamento/obstrução
- Descarrilamento
- Explosão/Incêndio/Eletrocussão
- Fatores natuais (indiretos)
- Linhas de caminho-de-ferro

0 35 70 km

Fig. 9 – Acidentes ferroviários em Portugal por grande tipo de acidente (1865-2016).

Fig. 9 – Railway accidents in Portugal, by major type of accident (1865-2016).

29

Notas finais

A presente investigação tentou sistematizar o conceito de risco associado aos transportes ferroviários partindo da concetualização do acidente ferroviário quanto aos seus tipos, causas, localização e contexto de ocorrência. Tendo em conta a quase inexistência de investigação na temática, optou-se por um enquadramento dos acidentes ferroviários no sentido de identificar os elementos a considerar (antrópicos, técnicos, logísticos, territoriais, entre outros).

Independentemente da tentativa de criação de um contributo que constituísse uma abordagem inicial a este tipo (específico) de *risco*, foi a partir das diferentes ocorrências (acidentes) que se alicerçou a investigação. Em termos metodológicos, utilizaram-se várias fontes numa recolha (aberta) de acidentes, permitindo criar uma base de dados que identificou 429 acidentes ferroviários com mortes (que perfizeram um total de 22.440 mortes) e os seus atributos. Sublinha-se que, embora a matriz da investigação reflita uma análise estatística e espacial dos acidentes ferroviários a diferentes escalas, todos os comportamentos (ou tendências) discutidas estão dependentes da informação (nem sempre completa) integrante da base de dados. Tendo em conta o caráter pontual e disperso, bem como a pluralidade de fontes tornou-se difícil definir uma trajetória de evolução dos acidentes e, *a posteriori*, correlacioná-los com a sua localização e contexto territorial.

Em paralelo à evolução e comportamento espacial, existiu uma dificuldade no estabelecimento de padrões das ocorrências, muito devido à "dependência" da base de dados e à relatividade e caráter aleatório dos eventos. Sendo ocorrências que estão normalmente associadas a falhas humanas, técnicas e, em alguns casos, a fatores indiretos (naturais, por exemplo), são dificilmente previsíveis. Todavia, nas diferentes escalas analisadas, como seria expetável, existem fortes relações das ocorrências com lógicas de localização de infraestruturas, ferrovias e terminais, intensidade e/ou densidade dos fluxos ferroviários. Por um lado, dada a maior informação e fluxos observa-se um maior número de acidentes em territórios mais desenvolvidos e urbanizados, por outro, nos territórios menos desenvolvidos, o número médio de mortes é bastante superior. Este reflexo (espacial) está diretamente relacionado com acidentes de grande dimensão que, independentemente de serem aleatórios e pontuais (quanto às causas, tipos e contextos), podem ser associados a espaços densamente povoados, com lacunas ao nível infraestrutural e tecnológico e, por vezes, com causas relacionadas com catástrofes (naturais). Em suma, na perspetiva da análise dos acidentes ferroviários e tendo em conta a necessidade de melhor e mais informação (que resulta de processos de prevenção, acompanhamento e monitorização dos acidentes ferroviários, bem como recolha *in loco* em contexto de catástrofe), observa-se uma centralidade da dimensão espacial e do contributo da Geografia para uma melhor compreensão das dinâmicas territoriais associadas. Independentemente de se tratar de um exercício analítico exploratório, poderá ser um importante ponto de partida para o conhecimento "espacializado e territorializado" dos acidentes ferroviários e uma alavanca para a definição de orientações de prevenção de acidentes e gestão de riscos associados a este tipo de transporte específico.

Bibliografia

ANPC - AUTORIDADE NACIONAL DE PROTEÇÃO CIVIL (2014). Avaliação nacional do risco 2014. Lisboa.

Bavoux, J. (2005). Géographie des transports. Paris: Armand Colin.

Bibel, G. (2012). Train Wreck: The Forensics of Rail Disasters. EUA: Johns Hopkins University Press.

European Railway Agency (2014). Railway safety performance in the European Union. Bruxelas: European Union.

Haggett, P. (2001). Flows and Networks in Geography. Londres: Prentice Hall.

Haine, E. (2012). Railroad Wrecks. EUA: Cornwall Books,US.

Hall, S. (1992). Railway Disasters: Cause and Effect. EUA: The promotional reprint co. Ltd.

Knowles, R., Shaw, J. & Docherty, I. (2007). Transport Geographies: Mobilities, Flows and Spaces. Londres: Wiley.

Lourenço, L. (2014). Risco, perigo e crise: trilogia de base na definição de um modelo conceptual-operacional [Realidades e desafios na gestão dos riscos: diálogo entre ciência e utilizadores NICIF]. Coimbra: Imprensa da Universidade de Coimbra, 61-72.

Richards, R. (2015). Railroad Accidents, Their Cause and Prevention. Londres: Leopold Classic Library.

Rodrigue, J., Comtois, C. & Slack, B. (2013).The Geography of Transport Systems. Londres: Routledge.

Semmens, P. (1994). Railway Disasters of the World: Principal Passenger Train Accidents of the 20th Century. EUA: Patrick Stephens Ltd.

Wolkowitch, M. (2004). Géographie des transports. Paris: Armand Colin.

Endereços electrónicos

www.prociv.pt;

www.era.europa.eu

www.ine.pt

www.imtt.pt

www.wikipedia.org

www.ec.europa.eu/eurostat

A DIMENSÃO DO FATOR HUMANO NA SEGURANÇA FERROVIÁRIA: ESTADOS EMOCIONAIS DO PROFISSIONAL
HUMAN FACTOR DIMENSION IN RAILWAY SAFETY: PROFESSIONAL'S EMOTIONAL STATES

Cristina Queirós
Faculdade de Psicologia e de Ciências da Educação da Universidade do Porto
cqueiros@fpce.up.pt
Sérgio Fonseca
Faculdade de Psicologia e de Ciências da Educação da Universidade do Porto
up201306558@fpce.up.pt
Fabienne Guimarães
Faculdade de Psicologia e de Ciências da Educação da Universidade do Porto
up201304095@fpce.up.pt
Vitor Martins
Sindicato Ferroviário da Revisão Comercial Itinerante
sfrci@mail.telepac.pt

Sumário: A Agência Europeia para a Segurança e Saúde no Trabalho tem alertado para os riscos psicossociais no trabalho, entre os quais o stress crónico ou pós-traumáticos. Os trabalhadores da ferrovia estão expostos a inúmeras situações geradoras de estados emocionais negativos no trabalho e trauma (ex: acidentes, colhidas, suicídios, agressões de passageiros). Este estudo alerta para a importância dos estados emocionais no trabalho e para as consequências que podem ter na saúde do trabalhador. Pretende identificar as situações stressantes a que os profissionais da ferrovia estão expostos e conhecer o impacto destas no stress pós-traumático e sintomas de stress. Os dados de 293 profissionais revelaram valores de stress e trauma de intensidade já

DOI: https://doi.org/10.14195/978-989-26-1386-4_2

moderada, presença de trauma em 32% da amostra explicando este até 22% do stress, e acidentes com maior impacto traumático do que agressões. Sendo os trabalhadores da ferrovia forçados a interagir com passageiros num espaço fechado e a passar no mesmo local onde podem já ter tido acidentes, sugere-se mais atenção à gestão do stress e prevenção do trauma, de forma aos estados emocionais negativos não constituírem uma vulnerabilidade para a ocorrência de erros humano nos acidentes, afetando a segurança ferroviária.

Palavras-chave: Emoções, stress no trabalho, trauma, trabalhadores, ferrovia.

Abstract: European Agency for Safety and Health at Work is alerting to psychoso-cial risks at work, including chronic or post-traumatic stress. Railroad workers are exposed to many situations which can elicit negative emotional states at work and trauma (ex: accidents, train hits, suicides, assaults from passengers). This study alerts to the importance of emo-tional states at work and their consequences on the worker's health. The study aims at identifying the stressful situations to which railway workers are exposed and at knowing their impact on post-traumatic stress and stress symptoms. Data collected among 293 workers revealed moderate stress and trauma values, the presence of trauma in 32% of the sample explaining trauma 22% of stress, and accidents having more traumatic impact than aggression. Railroad workers are forced to interact with passengers in an enclosed space and to circulate in the same place where they already had accidents. Thus, it should by payed more attention to stress management and trauma prevention, so that the negative emotional states do not become a vulnerability for human errors in accidents, affecting railroad safety.

Keywords: Emotions, job stress, trauma, workers, railway.

Introdução[1]

Nos últimos tempos, infelizmente, tem sido notícia a ocorrência de acidentes ferroviários graves, com vítimas mortais e feridos graves, como foi o caso do acidente de Setembro de 2016 com o descarrilamento do comboio Vigo-Porto em Porriño, Espanha, a colisão entre comboios na estação de Alfarelos em Janeiro de 2013, a queda de uma automotora na Linha do Tua em Fevereiro de 2007, e o que foi, até agora, o mais trágico acidente ferroviários, a colisão do comboio Sud-Express em Moimenta-Alcafache, em Setembro de 1985. A nível internacional e próximo de nós, são recentes as recordações dos descarrilamentos em Gent, Bélgica (Maio 2013), Bretigny-sur-Orge, França (Julho 2013), Santiago de Compostela, Espanha (Julho 2013) ou Eckwersheim, França (Novembro 2015), bem como das colisões de Varsóvia, Polónia (Março 2012), Sloterdijk, Holanda (Abril 2012), Neuhausen, Suiça (Janeiro 2013), Pau-Bayenne, França (2014), Bad Aibling, Alemanha (Fevereiro 2016) ou Dudelange - Luxemburgo (Fevereiro 2017). Em Setembro de 2016 foram notícia acidentes na ferrovia no Reino Unido, Canadá, Argélia e New Jersey – Estados Unidos da América, e em Abril 2017 descarrilou perto de Coimbra um comboio de mercadorias, não se podendo esquecer os inúmeros acidentes relacionados com colhidas de pessoas ou veículos que diariamente ocorrem no mundo.

Perante a perda de vidas humanas, tratamento de feridos e prejuízos materiais, a preocupação que surge é a das causas do acidente, sendo frequente a atribuição de erro humano. Por exemplo, na colisão de Bad Aibling, Alemanha (Fevereiro 2016) era noticiado[2] que *"um erro humano esteve na origem da colisão, esta terça-feira, entre dois comboios na Alemanha, que deixou dez mortos e 81 feridos, afirmaram vários media alemães"*, enquanto no acidente de Porriño, Espanha (Setembro 2016) surgia[3] *"Excesso de velocidade pode ter estado na origem do descarrilamento"*.

---

[1] Este texto corresponde à comunicação proferida pelos autores em 28 Maio 2016, no X Encontro Nacional de Riscos e II Jornadas Técnicas da Federação dos Bombeiros do Distrito de Viseu.

[2] http://www.jn.pt/PaginaInicial/Mundo/Interior.aspx?content_id=5022347&page=-1 (9 Fevereiro 2016)

[3] https://www.publico.pt/sociedade/noticia/excesso-de-velocidade-pode-ter-estado-na-origem-do-descarrilamento-1743694 (10 Setembro 2016)

O fator humano nos acidentes de trabalho tem sido um tópico importante e, recentemente, Kumar e colaboradores (2016) alertaram que apesar de todos os desenvolvimentos da tecnologia no sentido de mecanizar tarefas e minimizar o erro humano, este ainda ocorre e deve ser discutido e prevenido para uma melhoria constante da segurança no trabalho. Os autores enumeram como principais categorias do erro humano a sonolência e desatenção por rotina, os enganos ou lapsos por falhas de memória, os erros pela necessidade de tomada de decisão imprevista ou falha de conhecimentos, e por fim, os incumprimentos ou violações das normas em vigor por necessidade de reagir a um imprevisto, por excesso de confiança, distração ou características individuais. Também Moura e colaboradores (2015) reforçam a necessidade de compreender como o fator humano determina os acidentes no trabalho, nomeadamente na atual e complexa interação homem-máquina, devendo a tecnologia ser desenhada para minimizar o erro humano. No que se refere aos acidentes na ferrovia, Baysari e colaboradores (2009) classificaram os erros humanos neste tipo de acidentes como relacionados com a tarefa ou com o desempenho, referindo por exemplo: erros de manobra na paragem do comboio; excesso de velocidade; problemas com o material, infraestrutura, documentos; problemas com outros envolvidos (ex.: veículo ou pessoa em situação imprevista na linha); situações imprevistas não contempladas na rotina das tarefas; cansaço e falta de atenção em tarefas rotineiras; problemas de comunicação com central ou outros funcionários implicados na tarefa; problemas de aplicação dos conhecimentos na tomada de decisão; falta de informação ou problemas nos procedimentos; problemas de perceção dos detalhes da situação; e por fim problemas pessoais ou problemas de interação com colegas.

Em qualquer das situações descritas, a dimensão individual do trabalhador tem um papel importante, pois é este que toma uma decisão que pode ter como consequência o acidente, estimando-se que 90% dos acidentes são devido a erro humano (Yeow *et al.*, 2014). Apesar dos avanços na segurança no trabalho e da preocupação com os conhecimentos do trabalhador para a realização da tarefa, pouca valorização tem sido dada à influência do stress, fadiga e rotina nos erros humanos que terminam em acidentes (Yeow *et al.*, 2014). Contudo, o stress tem tido um interesse crescente como um dos riscos psicossociais emergentes no contexto laboral (EU-OSHA, 2006), nomeadamente na interação homem-máquina como é o caso do transporte ferroviário. De facto, em 2005 a Agência Europeia para a Segurança e Saúde no Trabalho (EU-OSHA, 2005, p.5) referia a necessidade de *"uma abordagem integrada mais holística, promovendo uma cultura de prevenção que se refletiu na nova iniciativa Locais de Trabalho Saudáveis»"*, alertando em 2006 que *"os ambientes de trabalho estão em constante mudança sob a influência de novas tecnologias e de condições económicas, sociais e demográficas que se vão alterando"*, sendo necessário *"antecipar os novos riscos emergentes"* (EU-OSHA, 2006, p.1). Pouco depois, incluiu o stress como um risco emergente (EU-OSHA, 2010, 2013a) nas suas prioridades para a segurança e saúde ocupacional 2013-2020. Em 2014 lançou a campanha *"Locais de trabalho saudáveis"* (EU-OSHA, 2014a), reformulada em 2016 para "2016/17: Locais de trabalhos saudáveis para todas as idades" (EU-OSHA, 2016a), que pressupõe que o trabalhador se mantenha no seu local de trabalho até á idade de reforma, e esteja em boas condições físicas e psicológicas. Recorde-se que já foram efetuados levantamentos para estimar o custo dos acidentes e problemas de saúde relacionados com o trabalho, bem como com os custos do stress e dos riscos psicossociais relacionados com o trabalho (EU-OSHA, 2013b, 2014b), enumerando custos com a produtividade, com perdas de qualidade de vida, e custos administrativos e de seguro, que afetam não só o trabalhador e sua família, mas também a empresa e sobretudo a sociedade, quando, como é o caso da ferrovia, há danos para os passageiros. Estima-se que os custos dos acidentes sejam na ordem de 1 a 4,8% do PIB do país (EU-OSHA, 2013b, p.6) e que os riscos psicossociais afetem o bem estar mental de 28%, ou seja, cerca de 5,6 milhões de trabalhadores europeus (EU-OSHA, 2014b, p.4).

Sendo o stress considerado um risco psicossocial e afetando 14% dos trabalhadores europeus (EU-OSHA, 2014b, p.4), convém lembrar que em termos laborais constitui um desafio para a saúde ocupacional e para a segurança no trabalho, pois em 2013 cerca de metade dos trabalhadores europeus considerava o stress uma situação comum no local de trabalho, contribuindo este para cerca de 50% dos dias de trabalho perdidos (EU-OSHA, 2013a, 2014a). Contudo o stress é considerado estigmatizante enquanto problema de saúde mental sendo associado a uma falha individual do trabalhador, apesar de poder ser controlado se abordado numa perspetiva organizacional, ou seja, como outro qualquer risco de saúde e segurança no local de trabalho que resulte de deficiências na conceção, organização e gestão do trabalho ou de um contexto social de trabalho problemático cuja consequência se traduza em efeitos negativos a nível psicológico, físico e social, como por exemplo o stress no trabalho, esgotamento, depressão, doenças músculo-esqueléticas ou gastrointestinais e conflitos laborais, absentismo ou presentismo (EU-OSHA, 2013a).

No que se se refere aos profissionais da ferrovia, estes estão expostos a múltiplos fatores de stress no trabalho, bem como a situações de acidentes ou incidentes críticos, cujo impacto psicológico pode ser de tal forma elevado que configura um quadro de stress pós-traumático (Cocks, 1989; Doroga & Baban, 2013, Mehnert et al., 2012). Destacam-se situações como condições físicas de trabalho (ex. ergonomia dos equipamentos, falta de local de descanso entre turnos), horários e gestão dos turnos, insegurança na interação com passageiros e ameaças ou agressões por parte destes, bem como colhidas de pessoas e veículos (com especial destaque para os suicídios na linha), estas últimas desencandeadoras de estados emocionais negativos crónicos (Queirós, Fonseca, Guimarães & Martins, 2016).

Sabe-se que, no que se refere especificamente ao stress pós-traumático, o tipo de trabalho pode influenciar a incidência deste tipo de stress, pois alguns profissionais (ex: militares, polícias, bombeiros, motoristas, profissionais de saúde ou de socorro) estão expostos a graves traumas psicológicos, agravados quando ocorrem situações sucessivas ou ao longo do acumular da experiência profissional (Saberi et al., 2013). No que se refere aos profissionais do sector do transporte, verificou-se que motoristas comerciais que estiveram envolvidos em acidentes ou assistiram a acidentes de outros motoristas, têm maior risco de desenvolver este tipo de stress, o que pode ter como consequência mais erros humanos e mais acidentes de trabalho (Saberi et al., 2013). Note-se que, contrariamente aos elementos de equipas de emergência médica e salvamento, no setor ferroviário os profissionais não são selecionados para a sua função tendo em consideração a resiliência. Contudo, imediatamente após um acidente ou suicídio na linha, o maquinista tem a responsabilidade de gestão dos passageiros no rescaldo da situação, sendo, como tal, difícil não ser afetado psicologicamente (Lunt & Hartley, 2004). Pode ainda culpar-se pela incapacidade de agir (ex. conseguir parar o comboio a tempo) e ser confrontado com as imagens impressionantes das pessoas na via ou corpos mutilados, bem como odores intrusivos durante e após o acontecimento traumático (Mehnert *et al.*, 2012). Em Portugal, entre 2004 e 2014, foram contabilizadas (IMT, 2015) 1077 pessoas envolvidas (vítimas) em acidentes ferroviários e ainda 473 suicídios (média anual de 47 mortes).

Para além dos acidentes, os profissionais da ferrovia são alvo de agressão no local de trabalho por parte de clientes, especialmente os que têm contacto direto com o cliente, sendo esta agressão definida como um comportamento destinado a prejudicar ou perturbar o prestador de serviço (Dormann & Zapf, 2004; Dursun & Aytac, 2014) que pode ocorrer em áreas variadas como comércio, restauração, hóteis, companhias áereas e ferroviárias, call centers ou setor bancário (Bedi & Schat, 2007). Em 2002, Boyd estimava que 53% dos trabalhadores nas empresas de transporte aéreo e ferroviário já estiveram expostos ao insulto verbal nos últimos 12 meses, podendo a agressão psicológica (gritos, gestos, insultos, ameaças, hostilidade, etc.) ou a violência física afetar os trabalhadores tanto a nível físico como psicológico (Richards & Schat, 2007). Estas situações levam a que o trabalhador se sinta desvalorizado e os níveis de depressão e stress aumentam (Boyd, 2002; Bedi & Schat, 2007; Grandey, Dickter & Sin, 2004), bem como diminui a satisfação e a concentração na tarefa, aumenta a desmotivação, o absentismo, a rotatividade das funções e a ausência por motivo de doença (Dursun & Aytac, 2014; Yagil, 2008).

Pelo exposto, constata-se que o trabalhador da ferrovia tem uma atividade profissional stressante, na qual um erro humano pode ter trágicas consequências e onde por vezes o controle para evitar um acidente é nulo, como por exemplo, perante um suicídio na linha. Estão pois criadas as condições para o aparecimento do stress pós-traumático (Vaz Serra, 2003), também designado como perturbação pós-stress traumático ou, internacionalmente, como PTSD ou *Post-traumatic Stress Disorder* (Pereira & Monteiro-Ferreira, 2003). Note-se que para uma situação provocar stress pós-traumático a pessoa tem de se confrontar com uma experiência *"além do limite das experiências com que a vida confronta qualquer cidadão comum"* (Pereira & Monteiro-Ferreira, 2003, p.15), sendo esta desencadeadora de um forte impacto emocional, capaz de levar a uma fixação no acontecimento, e como tal, a uma recordação que não diminui com o tempo e perturba a vivência diária. Esta situação traumática pode ser comparada a uma ferida emocional que provoca desequilíbrio na vítima e a deixa em sofrimento, prejudica a sua capacidade de adaptação e de enfrentar a situação devido à intensidade e imprevisibilidade com que ocorre, e gera desorganização psicológica que impede a compreensão adequada e a atribuição de significado correta à situação ocorrida (Pereira & Monteiro-Ferreira, 2003).

De acordo como o Manual de Diagnóstico e Estatístico de Transtornos Mentais DSM-V (APA, 2014), os transtornos relacionados com trauma apresentam como critério de diagnóstico a exposição da vítima a um evento traumático ou stressante (ex. ameaça de morte ou lesão grave), vivenciado diretamente ou testemunhado pessoalmente noutras pessoas, bem como o facto de a vítima poder tomar conhecimento de um incidente crítico que ocorreu com um familiar ou amigo próximo de forma violenta ou acidental, ou ter exposição repetida ou extrema a detalhes aversivos do evento traumático (ex. socorristas que recolhem partes de corpos humanos, polícias repetidamente expostos a situações de violência, e acrescentamos nós, profissionais da ferrovia expostos a colhidas ou suicídios na linha, em que qualquer uma destas situações provoca na vítima de trauma um stress elevado e um disfuncionamento na interação social ou na sua capacidade de trabalho).

É importante ter ainda em consideração os sintomas comportamentais que acompanham o stress pós-traumático (APA, 2014), os quais devem durar mais de um mês após o acontecimento (embora possam também surgir cerca de 6 meses depois), considerando-se que até um mês são uma reação normal ao ocorrido. Estes sintomas são agrupados em quatro categorias utilizadas para definir a ocorrência de stress pós-traumático (Pereira & Monteiro--Ferreira, 2003): pensamentos intrusivos, evitamento, pensamentos e humor negativos, e hiperativação. Os pensamentos intrusivos consistem no reviver o acontecimento de forma inesperada e involuntária, através de memórias frequentes, pesadelos ou momentos em que a vítima pensa estar de novo no acontecimento. São acompanhados de ansiedade, sofrimento psicológico e reações físicas intensas quando surge algo semelhante ao acontecimento traumático, e vítima pode ter alterações na perceção da realidade e forma de estar com os outros. O evitamento consiste no esforço para evitar recordações, pensamentos ou sentimentos sobre o acontecimento, podendo existir a recusa de contacto com pessoas, locais, conversas, atividades, objetos ou situações que possam provocar recordações do acontecimento. No limite, a vítima pode sentir-se anestesiada afetivamente e incapaz de sentir emoções. Os pensamentos e humor negativos referem-se ao facto de, após o acontecimento, a vítima se sentir incapaz de recordar aspetos importantes da situação, tendo expectativas negativas persistentes e exageradas a respeito de si mesmo, dos outros e do mundo. Por vezes culpa-se pelo que aconteceu e sente mais emoções negativas do que positivas, tendo tendência a isolar-se de todos. A hiperativação consiste em reações fisiológicas intensas que geram momentos de irritação, raiva ou agressividade contra pessoas/objetos, comportamentos imprudentes ou autodestrutivos, hipervigilância ou resposta de sobressalto exagerada, problemas de concentração e perturbações do sono (sono agitado ou dificuldade em iniciar ou manter o sono). A vítima é incapaz de diminuir o seu grau de alerta, o qual está sempre no nível máximo pois a pessoa vê ameaças em tudo e todos.

A percentagem de pessoas afetadas por stress pós-traumático é muito variada e depende do tipo de situação e de muitos outros fatores, como o contexto de socorro, o apoio após o acontecimento, as condições físicas, etc. (Vaz Serra, 2003). Contudo Maia e Fernandes (2003, pp.41-43) citam vários estudos publicados desde a década de noventa e referem em sobreviventes de: terramoto no México 30%; terramoto na Arménia 74%; inundação por barragem 59%; acidentes rodoviários graves 12%; vítimas de violação 57% a 94%; veteranos de guerra 25 a 30%; vítimas de ataques terroristas 20% a 40%; bombeiros expostos a desastres naturais 16%.

Mais recentemente, outros autores (Adams *et al.*, 2014; Green *et al.*, 2015; Johannesson *et al.*, 2006; Kilpatrick *et al.*, 2013; North *et al.*, 2015; Ranney *et al.*, 2016; Sachser & Goldbeck, 2016; Wilson, 2015) referem: 53% em familiares de vítimas de desastre aéreo; 51% em sobreviventes de desastres; 48% em sobreviventes de acidentes ou incêndios; 32% a 52% em familiares de vítimas de acidente/desastre/violência; 53% em vítimas e 33% em testemunhas de crime sexual ou com violência física; 68 a 73% em combatentes no Iraque ou Afeganistão; 31% em sobreviventes dos atentados de 11 de Setembro EUA; 13% a 22% em profissionais de socorro; 7% em adolescentes sobreviventes de um tornado nos EUA; 61% a 81% em adolescentes vítimas de violência sexual ou física ou perdas traumáticas; 23% em adolescentes expostos a violência na comunidade, violência entre pares ou *cyberbullying*. Estas percentagens são valores muito globais que podem variar ainda conforme o momento da recolha de dados seja próximo do acontecimento ou decorra meses ou anos depois. Mais recentemente, Brancu e colaboradores (2016) referiram percentagens globais entre 13% e 16%, conforme o rigor dos estudos e os critérios de medição.

Nos profissionais da ferrovia existem poucos estudos e a percentagem de stress pós-traumático tem sido referida como 6% na Roménia (Doroga & Baban, 2013), 8% em Portugal (Lemos, 2013) e 14% na Alemanha (Mehnert *et al.*, 2012). Este trabalho, partiu de um estudo conjunto realizado entre 2015 e 2016 pela Faculdade de Psicologia e de Ciências da Educação da Universidade do Porto e pelo Sindicato Ferroviário da Revisão Comercial Itinerante, no qual foram analisados a satisfação e motivação para o trabalho, suporte familiar e de colegas, conflito entre trabalho e família, absentismo, stress, burnout e trauma (Queirós *et al.*, 2016), e alerta, na ferrovia, para a importância dos estados emocionais no trabalho e para as consequências que podem ter na saúde do trabalhador. Tem como objetivo identificar as situações stressantes a que os profissionais da ferrovia estão expostos e conhecer o impacto destas a nível do stress pós-traumático, sintomas corporais de stress e estados emocionais.

Método

Participantes

Foram inquiridos 293 profissionais da ferrovia, sendo 95% do sexo masculino, 66% com 12º ano, 79% casados, 85% com filhos, 60% com experiência de acidentes na ferrovia. Eram provenientes 64% da zona norte (36% do resto do país), e 80% tinham funções de operador de revisão e venda (circulam nos comboios) e 20% funções de operador de venda e controle (estão nos postos fixos de cada estação). A idade variou entre 27 e 62 anos (M=43,6 anos e DP=6,136), enquanto a experiência profissional variou entre 1 e 36 anos (M=17,7 anos e DP=6,897).

Instrumentos

No âmbito do projeto mais vasto já referido (Queirós *et al.*, 2016) foi preparado um questionário com questões sociodemográficas e profissionais, bem como avaliado o impacto traumático de situações stressantes através da *Impact of Event Scale Revised* (IES-R, Horowitz *et al.*1979; Cauby *et al.*, 2012) e o stress, através do *Cohen-Hoberman Inventory of Physical Symptoms* (CHIPS, Cohen & Hoberman, 1983; Queirós *et al.*, 2016). O impacto de incidentes stressantes foi avaliado por algumas questões abertas que tentaram perceber em quantos acidentes ou outras situações no trabalho os inquiridos estiveram envolvidos, e de que forma se sentiram afetados. A IES-R é composta por 22 itens avaliados numa escala de Likert de 5 pontos (0 para nunca e 4 para muitas vezes), organizados nas dimensões: pensamentos intrusivos (memórias do acontecimento stressante), evitamento (recusar pensar ou falar do acontecimento) e hperativação (estado de alerta fisiológico e psicológico constante), sendo possível ainda calcular um resultado total de stress pós-traumático. O CHIPS é composto por 33 sintomas avaliados numa escala de Likert de 5 pontos (0 para não incomodou nada e 4 para incomodou muito), podendo ainda ser contabilizados quantos sintomas incomodaram (sintomas avaliados com valor superior a zero, variando de 0 a 33 sintomas) e o total de incómodo (variando de 0 a 132, ou seja, 33 sintomas com 4 como grau máximo de incómodo).

Procedimentos

A recolha de dados foi iniciada após autorização formal e divulgação do estudo pelo Sindicato Ferroviário da Revisão Comercial Itinerante, com os questionários impressos distribuídos por esta entidade, sendo preenchidos de forma anónima e confidencial entre Março e Julho de 2015 e, posteriormente, devolvidos em envelope à FPCEUP. Foi apresentado o consentimento informado e cumpridas as regras éticas e deontológicas para este tipo de estudo empírico. Em seguida os dados foram introduzidos no programa *IBM SPSS Statistics* versão 21 e a análise estatística foi efetuada de acordo com os pressupostos recomendados por vários autores (Bryman & Cramer, 2003; Field, 2009; Maroco, 2010) para este tipo de amostra, variáveis e objetivos do estudo, correspondendo a uma análise descritiva (frequência, percentagem, média e desvio-padrão), comparativa (*t de student* para grupos independentes), correlacional (R de Pearson) e de regressão (método *Enter*).

Resultados

Os resultados obtidos revelam, quanto ao impacto de incidentes stressantes (QUADRO I), que este varia, nas suas diferentes dimensões, entre 1 e 1,19 numa escala de 0 a 4, sendo considerado moderado, enquanto o total de trauma é moderado com média de 24,29 para um máximo de 88 pontos. Contudo, usando o ponto de corte definido por Weiss (2007) como 33 para indicador de stress pós-traumático, foi encontrada uma percentagem de 31,9% com valores entre 33 e 88, incluindo 5 casos acima de 80. Este valor é bastante superior aos 6 a 14% referidos por Doroga e Baban (2013), Lemos (2013) e Mehnert e colaboradores (2012). Quanto aos sintomas físicos de stress verifica-se que a sua média é de 1,31 numa escala de 0 a 4 de incómodo, ou seja, tem um nível moderado-baixo, com presença de cerca de 19 sintomas em 33 e com um grau de incómodo baixo (média de 42 para um máximo possível de 132). Assim, em síntese pode-se dizer que estes profissionais apresentam já alguns sintomas físicos e psicológicos imediatos de stress, e o impacto de trauma é já moderado, sugerindo um processo de mal-estar com sintomas típicos de desgaste profissional ao longo do tempo e não de situações imediatas (expressas nos sintomas de stress), parecendo os profissionais ir buscar forças e motivação mais fora do local de trabalho do que dentro deste (dados recolhidos nas questões abertas sobre situações stressantes no trabalho).

QUADRO I - Médias por dimensão avaliada no stress e trauma na amostra total.
TABLE I - *Averages by dimension measured in stress and trauma on the overall sample.*

Dimensão por questionário (escala de avaliação)	Mínimo	Máximo	Média	Desvio Padrão
Pensamentos Intrusivos (0 a 4)	,00	4,00	1,19	0,96
Evitamento	,00	4,00	1,15	0,91
Hiperativação	,00	4,00	1,01	0,96
Total Trauma (0 a 88)	,00	88,00	24,29	19,57
Incómodo Sintomas Stress (0 a 4)	,00	3,67	1,31	0,81
Total sintomas (0 a 33)	,00	33,00	19,21	9,33
Total incómodo (0 a 132)	,00	121,00	42,31	26,30

As situações enumeradas como mais stressantes e potenciadoras de trauma foram os acidentes (incluindo aqui colisões, colhidas e suicídios) e as agressões e ameaças no local de trabalho por parte de passageiros, respetivamente com 59% e 15%, existindo 26% dos participantes que refere situações variadas como conflitos com colegas ou superiores, falta de meios para agir em caso de acidente, falta de comunicação por atrasos o que motiva revolta e ameaças dos passageiros, ou problemas entre passageiros dentro do comboio (ex: quedas, doenças, conflitos, roubos, agressões). Note-se que as situações descritas ocor-reram entre 1980 e 2015, assistindo-se a um aumento de relatos já depois de

2000, sendo notório o aumento a partir de 2011, com especial ênfase em 2014 (Queirós *et al.*, 2016). Comparando apenas o impacto stressante de acidentes e agressões (QUADRO II), verifica-se que os sintomas de stress não apresentam diferenças significativas, enquanto no stress pós-traumático apenas a hiperactivação não diferencia os dois tipos de situação, apresentando os acidentes valores significativamente superiores, comprovando-se assim o impacto traumático dos acidentes, conforme já descrito nos estudos de Cocks (1989), Mehnert e colaboradores (2012), Doroga e Baban (2013), Saberi e colaboradores (2013) e Lunt e Hartley (2004).

QUADRO II - Comparação de médias do stress e trauma em função da situação.
TABLE II - Average comparison of stress and trauma according to the situation.

Dimensão por questionário (escala de avaliação)	Acidente N=172	Agressão N=44	t Student	p
Pensamentos Intrusivos (0 a 4)	1,39	0,92	2,652	,009**
Evitamento	1,31	0,88	2,643	,009**
Hiperativação	1,15	0,84	1,738	,084
Total Trauma (0 a 88)	28,22	18,71	2,640	,009**
Incómodo Sintomas Stress (0 a 4)	1,36	1,25	,806	,421
Total sintomas (0 a 33)	19,95	18,91	,683	,495
Total incómodo (0 a 132)	43,63	41,32	,546	,585

*p≤0,050   ** p≤0,010   *** p≤0,001

A análise correlacional entre idade, anos de serviços, trauma e stress (QUADRO III) revelou que a idade não apresenta correlações significativas com o trauma nem com o stress, enquanto os anos de serviço revelam que quanto mais são, maior o incómodo de stress e mais os pensamentos intrusivos, hiperativação e total de trauma. Foram também encontradas correlações positivas entre todas as dimensões do trauma e do stress, revelando que quanto maior um, maior o outro.

Por fim, a análise de regressão relativa ao poder explicativo do trauma e variáveis sociodemográficas e profissionais nos níveis de stress atuais (QUADRO IV), revelou que as características individuais não têm valor preditivo, mas o trauma explica 22% do incómodo dos sintomas de stress, 15% do total de sintomas e 21% do total de incómodo.

QUADRO III - Correlação entre idade, anos de serviços, trauma e stress.

TABLE III - Correlation between age, professional experience years, trauma and stress.

Dimensão	Idade	Anos serviço	Pens. Intrusivos	Evitamento	Hiperativação	Total Trauma
Pens. Intrusivos	,036	,151*				
Evitamento	-,046	,092				
Hiperativação	,048	,137*				
Total Trauma	,011	,136*				
Incómodo S. Stress	,083	,136*	,428**	,341**	,434**	,418**
Total sintomas	-,008	,096	,354**	,285**	,359**	,353**
Total incómodo	,051	,105	,407**	,313**	,416**	,400**

*p≤0,050   ** p≤0,010

QUADRO IV - Regressão (*Enter*) do trauma e características sociodemográficas nos sintomas de stress.

TABLE IV - Regression (Enter) of trauma and sociodemographic caractheristics on stress symptoms.

Variável Dependente	Variáveis Preditoras	R^2	R^2 change	F (sig)
Incómodo Sintomas Stress	Trauma	,215	,215	16,032 (,000)***
	Sociodemográficas	,263	,048	1,311 (,219)
Total sintomas	Trauma	,147	,147	10,087 (,000)***
	Sociodemográficas	,210	,063	1,615 (,096)
Total incómodo	Trauma	,204	,204	15,012 (,000)***
	Sociodemográficas	,258	,058	1,479 (,141)

*p≤0,050   ** p≤0,010   *** p≤0,001

Conclusão

Os resultados obtidos neste estudo, apesar de indicarem baixo/moderado incómodo e presença de sintomas de stress, e moderado nível de stress pós--traumático, apresentam como resultados principais o facto de o trauma e incómodo dos sintomas de stress aumentarem em função dos anos de serviço, sugerindo um acumular de situações stressantes, bem como o facto de existirem

32% dos participantes com presença de trauma (valores superiores a outros estudos na Europa), e o facto de o trauma estar positivamente correlacionado com sintomas de stress e explicar 15% a 22% destes sintomas. Se atendermos a que o stress pode ter como consequência o erro humano e que este está na base de 90% dos acidentes (Yeow *et al.*, 2014), então a presença de stress pós--traumático nestes profissionais pode constituir um risco acrescido de acidentes ao desencadear a vulnerabilidade ao stress. Um outro resultado importante é o facto de as situações stressantes se poderem agrupar sobretudo nas categorias relativas a "acidentes" ou a "agressões ou ameaças" no local de trabalho.

Ora, ao contrário de outros profissionais do sector dos transportes, os trabalhadores da ferrovia são forçados a interagir com passageiros num espaço fechado e a passar no mesmo local onde podem ter tido acidentes, colhidas ou suicídios. Acresce que, comparados com outros profissionais nos quais o stress pós-traumático pode ocorrer em contextos de trabalho, o trabalhador da ferrovia dificilmente deixa de poder evitar esse local devido à logística e burocracia organizacional das empresas ferroviárias que tornam o processo de mudança de local de trabalho, raramente solicitado e extremamente moroso. Perpetuando-se ao longo de vários anos, na maioria dos casos, o trabalhador é obrigado a confrontar-se com o mesmo local de acidente ou suicídio, constantemente revivendo a situação, o que pode potenciar os sintomas.

É então fundamental que se valorize que os estados emocionais negativos no trabalho constituem um processo de esgotamento ao longo do tempo por falta de recursos psicológicos, que culmina num estado (designado como *burnout)* e que implica enorme sofrimento psicológico para o trabalhador e problemas na sua produtividade e qualidade dos serviços prestados (Maslach & Leiter, 2016), incluindo aumento do erro humano nos acidentes. Para tal, são necessários estudos e intervenções sobre a saúde ocupacional dos profissionais da ferrovia, à semelhança de outros países (Cothereau *et al.*, 2004; Cox *et al.*, 2003; Doroga & Baban, 2013; Sage *et al.*, 2016; Vatshelle & Moen, 1997), bem como a criação de programas de prevenção e tratamento direcionados para as necessidades dos profissionais do sector ferroviário, com características distintas de outros trabalhadores. Esta ideia já foi operacionalizada na década de 90 pela British Rail (Williams *et al.*, 1994) e, recentemente Bardon e Mishara (2015) sugeriram que se constitua um protocolo de atuação composto por ações de prevenção pré-incidente (ex: acidentes, suicídios na linha ou agressões de passageiros), ações de intervenção no momento do incidente e resposta a curto prazo após o incidente. Seriam notórios os benefícios no trabalhador, na segurança dos passageiros e na produtividade da empresa, constituindo ainda um modelo de boas práticas. Contudo, implicaria integrar estruturas e práticas organizacionais já existentes, bem como formar e dotar os profissionais (que não são especialistas de emergência mas têm de agir nos incidentes críticos), de competências individuais que lhes permitisse agir melhor junto dos passageiros e prevenir neles próprios ou nos colegas o impacto negativo destes incidentes críticos e gerir os seus sintomas de stress. Conforme a Agência Europeia para a Segurança e Saúde no Trabalho (EU-OSHA, 2005, 2006, 2014a, 2016b) tem vindo a alertar, *"[...] com a abordagem correta, os riscos psicossociais e o stress no trabalho podem ser prevenidos e geridos com sucesso, independentemente da dimensão ou tipo de empresa, representando uma obrigação moral e um bom investimento para as organizações, sendo incentivado no Pacto Europeu para a Saúde Mental e Bem-Estar, a implementação de medidas voluntárias suplementares para a promoção do bem-estar mental e da saúde ocupacional, nas quais os trabalhadores estejam envolvidos, pois têm uma melhor perceção dos problemas que podem ocorrer no local de trabalho"*.

Contudo, mesmo com a melhoria da segurança dos transportes, os acidentes são imprevisíveis e continuam a acontecer, mantendo-se na sua génese o erro humano[4], a falha do material circulante e a deficiência na infraestrutura ferroviária (ex. sinalização, via, etc.), sem esquecer a hipótese externa de uma ação terrorista (ex. Atocha, Espanha em 11 de Março de 2004; Sao-Petersburgo, Rússia, em Abril 2017). A elevada taxa de ocupação de passageiros e a maior frequência de transportes ferroviários (ex. comboio e metropolitano) leva a que os profissionais da ferrovia tenham uma responsabilidade acrescida, o que implica que o seu bem-estar psicológico deve estar acautelado em termos de pré-incidente e de pós-incidente, tentando prevenir o trauma e seu impacto ao lingo do tempo.

Para terminar, não podemos deixar de alertar que apesar deste estudo se ter centrado nos profissionais da ferrovia, os acidentes com comboios implicam a mobi-

---

[4] https://www.publico.pt/sociedade/noticia/excesso-de-velocidade-pode-ter-estado-na-origem-do-descarrilamento-1743694 (10 Setembro 2016).

lização de inúmeros profissionais de socorro, também estes expostos a situações potencialmente traumáticas e com elevada probabilidade de vivenciarem exatamente os sintomas de trauma já descritos e de sentirem o seu impacto muitos anos depois. Foi este o caso com os testemunhos emocionantes, e, sobretudo, emocionados, de vários profissionais envolvidos no acidente do comboio Sud-Express em Moimenta--Alcafache, em Setembro de 1985, apresentados no X Encontro Nacional de Riscos e II Jornadas Técnicas da Federação dos Bombeiros do Distrito de Viseu. As suas emoções ao relatarem a sua participação sugerem que as memórias dessa situação traumática ainda estão bem vivas, 31 anos depois deste trágico acidente, demonstrando que, tal como Rabjohn (2012) afirma, existem custos humanos quando se presta socorro, e estes devem passar a ser considerados no futuro.

Bibliografia

Adams, Z.W., Sumner, J.A., Danielson, C.K., McCauley, J.L., Resnick, H.S., Grös, K., Paul, L., Welsh, K. & Ruggiero, K. J. (2014). Prevalence and predictors of PTSD and depression among adolescent victims of the spring 2011 tornado outbreak. *Journal of Child Psychology and Psychiatry, 55*(9), 1047-1055.

APA, American Psychiatric Association (2014). *Manual de Diagnóstico e Estatístico de Transtornos Mentais DSM-5*. Porto Alegre: Artmed.

Bardon, C. & Mishara, B. (2015). Development of a Comprehensive Programme to Prevent and Reduce the Negative Impact of Railway Fatalities, Injuries and Close Calls on Railway Employees. *Journal of Occupational Rehabilitation, 25*, 557-568.

Baysari, M., Caponecchia, C., McIntosh, A. & Wilson, J. (2009). Classification of errors contributing to rail incidents and accidents: A comparison of two human error identification techniques. *Safety Science, 47*, 948–957.

Bedi, A. & Schat, A. C. H. (2007). Customer Aggression: A Theoretical And Meta-Analytic Review. *ASAC*, 115-127.

Boyd, C. (2002). Customer violence and employee health and safety. *Work, Employment and Society*, 16, 151-169.

Brancu, M., Mann-Wrobel, M-, Beckham, J., Wagner, R., Elliott, A., Robbins, A., Wong, M., Berchuck, A. & Runnals, J. (2016). Subthreshold Posttraumatic Stress Disorder: A Meta-Analytic Review of *DSM–IV* Prevalence and a Proposed *DSM–5* Approach to Measurement. *Psychological Trauma: Theory, Research, Practice, and Policy, 8*(2), 222-232.

Bryman, A. & Cramer, D. (2003). *Análise de dados em ciências sociais, introdução às técnicas utilizando o SPSS para Windows*. Oeiras: Celta Editora.

Caiuby, A., Lacerda, S., Quintana, M., Torii, T., & Andreoli, S. (2012). Adaptação transcultural da versão brasileira da Escala do Impacto do Evento – Revisada (IES-R). *Cadernos de Saúde Pública, 28*(3), 597-603.

Cocks, R. (1989). Trauma in the tube: the problem of railway suicide and its consequences. *Stress Medicine, 5*, 93-97.

Cohen, S., & Hoberman, H. (1983). Positive events and social supports as buffers of life change stress. *Journal of Applied Social Psychology, 13*, 99-125.

Cothereau, C., Beaurepaire, C., Payan, C., Cambau, J.P., Rouillon, F. & Cpnso, F. (2004). Professional and medical outcomes for French train drivers after "person under train" accidents: three year follow up study. *Occupational Environmental Medicine, 61*, 488-494.

Cox, T., Griffiths, A. & Houdmont, J. (2003). Rail safety in Britain: an occupational health psychology perspective. *Work &Stress, 17*(2), 103-108.

Dormann, C. & Zapf, D. (2004). Customer-Related Social Stressors and Burnout. *Journal of Occupational Health Psychology, 9*(1), 61-82.

Doroga, C. & Baban, A. (2013). Traumatic exposure and posttraumatic symptoms for train drivers involved in railway incidents. *Clujul Medical, 86*(2), 144-149.

Dursun, S. & Aytac, S. (2014). The Effect of Customer Aggression on Burnout. *Academic Journal of Interdisciplinary Studies, 3*(4), 369-372.

EU-OSHA, EUROPEAN AGENCY FOR SAFETY AND HEALTH AT WORK (2005). *Criar uma cultura de segurança e saúde no trabalho na União Europeia, síntese do relatório anual 2005.* Bilbao: EU-OSHA.

EU-OSHA, EUROPEAN AGENCY FOR SAFETY AND HEALTH AT WORK (2006). *Previsões de peritos sobre os riscos físicos emergentes associados à segurança e saúde no trabalho – FACTS nº 60PT.* Bilbao: EU-OSHA.

EU-OSHA, EUROPEAN AGENCY FOR SAFETY AND HEALTH AT WORK (2010). *European Risk Observatory Report - European Survey of Enterprises on New and Emerging Risks: Managing safety and health at work.* Bilbao: EU-OSHA.

EU-OSHA, EUROPEAN AGENCY FOR SAFETY AND HEALTH AT WORK (2013a). *Managing stress and psychosocial risks at work.* Luxembourg: Publications Office of the European Union.

EU-OSHA, EUROPEAN AGENCY FOR SAFETY AND HEALTH AT WORK (2013b). *Estimar o custo dos acidentes e problemas de saúde relacionados com o trabalho - resumo executivo.* Bilbao: EU-OSHA

EU-OSHA, EUROPEAN AGENCY FOR SAFETY AND HEALTH AT WORK (2014a). *Cálculo do custo do stress e dos riscos psicossociais relacionados com o trabalho.* Bilbao: EU-OSHA.

EU-OSHA, EUROPEAN AGENCY FOR SAFETY AND HEALTH AT WORK (2014b). *Priorities for occupational safety and health research in Europe for the years 2013–2020 Summary report – (updated Jan 2014).* Luxembourg: Publications Office of the European Union.

EU-OSHA, EUROPEAN AGENCY FOR SAFETY AND HEALTH AT WORK (2016a). *Healthy workplaces for all ages: promoting a sustainable working life – campaign guide.* Luxembourg: Publications Office of the European Union.

EU-OSHA, EUROPEAN AGENCY FOR SAFETY AND HEALTH AT WORK (2016b). *Safer and healthier work at any age: Analysis report of workplace good practices and support needs of enterprises - executive summary.* Bilbao: EU-OSHA.

Field, A. (2009). *Descobrindo a estatística usando o SPSS.* Porto Alegre: Artmed.

Grandey, A.A., Dickter, D.N.A & Sin, H.P. (2004). The Customer is not Always Right: Customer Aggression and Emotion Regulation of Service Employees. *Journal of Organizational Behavior, 25*, 1-22.

Green, J.D., Bovin, M.J., Erb, S.E., Lachowicz, M., Gorman, K.R., Rosen, R.C., Keane, T. & Marx, B.P. (2015). The Effect of Enemy Combat Tactics on PTSD Prevalence Rates: A Comparison of Operation Iraqi Freedom Deployment Phases in a Sample of Male and Female Veterans. *Psychological Trauma: Theory, Research, Practice, And Policy, 8*(5), 634-640.

Horowitz, M.J., Wilner, M., & Alverez, W. (1979). Impact of Events Scale: A measure of subjective stress. *Psychosomatic Medicine, 41*(3), 209-218.

IMT, INSTITUTO DA MOBILIDADE E DOS TRANSPORTES (2015). *Transporte ferroviário: relatório anual de segurança – 2014.* Lisboa: Instituto da Mobilidade e dos Transportes.

Johannesson, K.B., Stefanini, S., Lundin, T. & Anchisi, R. (2006). Impact of bereavement among relatives in Italy and Sweden after the Linate airplane disaster. *International Journal of Disaster Medicine, 4*(3), 110-117.

Kilpatrick, D.G., Resnick, H.S., Milanak, M.E., Miller, M.W., Keyes, K.M. & Friedman, M.J. (2013). National Estimates of Exposure to Traumatic Events and PTSD Prevalence Using DSM-IV and DSM-5 Criteria. *Journal of Traumatic Stress, 26*(5), 537-547.

Kumar, P., Gupta, S., Agarwal, M. & Singh, U. (2016). Categorization and standardization of accidental risk-criticality levels of human error to develop risk and safety management policy. *Safety Science, 85*, 88-98.

Lemos, I.C. (2013). *Acidente com comboios: Implicações no desenvolvimento da perturbação de stress pós-traumático nos maquinistas.* Dissertação de Mestrado em Psicologia Clínica. Lisboa: ISPA.

Lunt, J. & Hartley R. (2004). *Literature Review of Post-Traumatic Stress Disorder Amongst Rail Workers.* Sheffield: Work Psychology Group, Health and Safety Laboratory.

Maia, A.C. & Fernandes, E. (2003). Epidemiologia da perturbação pós-stress traumático (PTSD) e avaliação da resposta ao trauma. In M.G. Pereira & J. Monteiro-Ferreira (Eds.). *Stress traumático: aspectos teóricos e intervenção* (pp.35-54). Lisboa: Climepsi.

Maroco, J. (2010). *Análise estatística com o PASW Statistics.* Pêro Pinheiro: Report Number.

Maslach, C. & Leiter, M. (2016). Understanding the burnout experience: recent research and its implications for psychiatry. *World Psychiatry* 15(2), 103-11.

Mehnert, A., Nanninga, I, Fauth, M. & Schafer, I. (2012). Course and predictors of posttraumatic stress among male train drivers after the experience of 'person under the train' incidents. *Journal of Psychosomatic Research, 73*, 191–196.

Moura, R., Beer, M., Patelli, E., Lewis, J. & Knoll, F. (2015). Human error analysis: Review of past accidents and implications for improving robustness of system design. In T. Nowakowski, M. Młynczak, A. Jodejko-Pietruczuk & S. Werbińska-Wojciechowska (Eds). *Safety and Reliability: Methodology and Applications* (pp.1037-1046). London: Taylor & Francis.

North, C., Pollio, D., Hong, B., Pandya, A., Smith, R. & Pfefferbaum, B. (2015). The post disaster prevalence of major depression relative to PTSD in survivors of the 9/11 attacks on the world trade center selected from affected workplaces. *Comprehensive Psychiatry, 60*, 119-125.

Pereira, M.G. & Monteiro-Ferreira, J. (2003). *Stress traumático: aspectos teóricos e intervenção.* Lisboa: Climepsi.

Queirós, C., Fonseca, S., Guimarães, F. & Martins, V. (2016). *Relatório Técnico: Stress, motivação no trabalho e desgaste em profissionais que trabalham no sector ferroviário.* Porto: LabRP da FPCEUP/ESTSPIPP.

Rabjohn, A. (2012). The human cost of being a 'first responder'. *Journal of Business Continuity & Emergency Planning, 6*(3), 268–271.

Ranney, M.L., Patena, J.V., Nugent, N., Spirito, A., Boyer, E., Zatzick, D. & Cunningham, R. (2016). PTSD, cyberbullying and peer violence: prevalence and correlates among adolescent emergency department patients. *General Hospital Psychiatry, 39,* 32-38.

Richards, D. A. & Schat, A.C. (2007). Attachment and Customer Aggression: An Affective Events Theory Model. *ASAC,* 253-269.

Saberi, R., Abbasian, H., Kashani, M.M., & Naseri, A. (2013). Post-Traumatic Stress Disorder: A Neglected Health Concern among Commercial Motor Vehicle Drivers. *International Journal of Occupational and Environmental Medicine 4*(4), 185-194.

Sachser, C. & Goldbeck, L. (2016). Consequences of the Diagnostic Criteria Proposed for the ICD-11 on the Prevalence of PTSD in Children and Adolescents. *Journal of Traumatic Stress, 29*(2), 120-123.

Sage, C., Brooks, S., Jones, N. & Greenberg, N. (2016). Attitudes towards mental health and help-seeking in railway workers. *Occupational Medicine, 66*(2), 118-121.

Vatshelle, A. & Moen, B. (1997). Serious on-the-track accidents experienced by train drivers: psychological reactions and long-term health effects. *Journal of Psychosomatic Research, 42*(1), 43-52.

Vaz Serra, A (2003). *O distúrbio de stress pós-traumático.* Coimbra: Gráfica de Coimbra.

Weiss, D.S. (2007). The Impact of Event Scale: Revised. In J.P. Wilson & C.S. Tang (Eds.), *Cross-cultural assessment of psychological trauma and PTSD* (pp. 219-238). New York: Springer.

Williams, C., Miller, J., Watson, G. & Hunt, N. (1994). A strategy for trauma debriefing after railway suicides. *Social Science & Medicine, 38*(3), 483-487.

Wilson, L.C. 2015. A systematic review of probable posttraumatic stress disorder in first responders following man-made mass violence. *Psychiatry Research, 229*(1-2), 21-26.

Yagil, D. (2008). When the customer is wrong: A review of research on aggression and sexual harassment in service encounters. *Aggression and Violent Behavior, 13,* 141-152.

Yeow, J., Ng, P., Tan, K., Chin, T. & Lim, W. (2014). Effects of Stress, Repetition, Fatigue and Work Environment on Human Error in Manufacturing Industries. *Journal of Applied Science, 14(*24), 3464-3471.

Organização de Socorros em França para Acidentes Ferroviários

Railway Accidents Rescue Organization in France

Patrick Hertgen
Corpo Departamental de Bombeiros do Norte (SDIS du Nord)
p.hertgen@pompiers.fr

Laure Droin
Corpo Departamental de Bombeiros da Somme (SDIS de la Somme)
laure.droin@sdis80.fr

Romero Bandeira
ICBAS - Instituto de Ciências Biomédicas Abel Salazar, Univ. do Porto
SFMC- *Société Française de Médecine de Catastrophe*
UEIFIS - Unidade Experimental de Investigação e Formação para
Intervenção em Socorro - BV S. Pedro da Cova
hmedcat@icbas.up.pt

Sumário: Face ao tema, em primeiro lugar expõe-se a estrutura organizativa e operacional do paradigmático serviço de saúde e de socorro médico dos Bombeiros Franceses, denominado SSSM (*Service de Santé et de Secours Médical*). Em segundo lugar explana-se a organização de socorros em França para acidentes ferroviários.

Palavras-chave: Acidente, ferroviário, serviço, saúde, bombeiros.

Abstract: Given the subject, firstly it is exposed the organizational and operational structure of the paradigmatic health and medical service called SSSM (*Service de Santé et de Secours Médical*) of the French Fire Brigade. Secondly, we explain the organization of the help in France in railway accidents.

Keywords: Accident, railway, service, health, firefighters.

DOI: https://doi.org/10.14195/978-989-26-1386-4_3

Résumé: En premier lieu, sont exposés l'organisation et le fonctionnement des services d'incendie et de secours ainsi que de leurs Services de Santé et de Secours Médical (SSSM). Ensuite, est décrite l'organisation des secours face à un accident de ferroviaire en France.

Mots clés: Accident, ferroviaire, service, santé, sapeurs-pompiers.

A organização

Organização territorial dos bombeiros em França

Os corpos de bombeiros são denominados "Serviços de incêndio e socorro". Excluindo Paris (*pompiersparis.fr*) e Marselha, cidades nas quais existe um corpo militar de bombeiros, os restantes 96 distritos (*départements)* dispõem de um corpo departamental (civil) de bombeiros: o Serviço Departamental de Incêndio e Socorro - SDIS *(Service Départemental d'Incendie et de Secours).*
- Cada corpo departamental de bombeiros dispõe de:
  - Um conselho de administração;
  - Um presidente (da assembleia departamental);
  - Um diretor, chefe de corpo, e um diretor adjunto;
  - Bombeiros profissionais (50-2 000) e voluntários (1 000 – 6 000);
  - Funcionários administrativos e técnicos (20 – 500).

1.2 Missões e recursos dos bombeiros

Os Bombeiros (*pompiers.fr*) são nomeadamente encarregados de:
- Prevenção e combate a incêndios;
- Resgate e desencarceramento;
- Socorro de urgência a pessoas vítimas de acidente, de sinistro ou de catástrofe, bem como a sua evacuação;
- Comando das operações de socorro.

Para cumprir essas missões, os corpos de bombeiros dispõem de cerca de:

- 245 000 bombeiros:
    - 193 000 voluntários;
    - 40 000 profissionais (funcionários públicos);
    - 12 000 militares (Paris e Marselha);
    - 7 000 quartéis;
    - 4 000 viaturas de fogos urbanos;
    - 4 000 viaturas de fogos florestais;
    - 1 200 auto-escadas;
    - 6 200 ambulâncias de emergência não medicalizadas, com 3 bombeiros formados em suporte básico de vida - SBV (*Véhicules de Secours et d'Assistance aux Victimes* -VSAV);
    - Viaturas ligeiras tipo SIV (Suporte Imediato de Vida) ou medicalizadas, tipo VMER (Viatura Médica de Emergência e Reanimação).

Serviços de saúde dos corpos de bombeiros

Cada Corpo de Bombeiro dispõe de um Serviço de Saúde e de Socorro Medico - SSSM (*Service de Santé et de Secours Médical)* dirigido por um médico-chefe (com estatuto de bombeiro profissional), ajudado por uma chefia:

- Médico-chefe (profissional) e adjunto;
- Farmacêutico-chefe (profissional) e adjunto;
- Enfermeiro-chefe (profissional) e adjunto.

Nesses SSSM (*sdis59.fr*), estão representadas quase todas as profissões da área da saúde, algumas com estatuto de bombeiro profissional, a maioria com o de bombeiro voluntário:

- 4 200 médicos (210 profissionais);
- 6 400 enfermeiros (250 profissionais);
- 550 farmacêuticos (100 profissionais);
- 200 psicólogos (só voluntários);
- 300 veterinários (só voluntários);
- Alguns Fisioterapeutas (só voluntários).

Os SSSM são encarregados tanto da saúde dos bombeiros (aptidão médica, prevenção), como do apoio médico ou de enfermagem às intervenções e, ainda, participam na medicalização dos socorros, complementar da prestada pelo Serviço de Apoio Médico Urgente (SAMU - *Service d'Aide Médicale Urgente*) *(semsp.eu)*.

Missões e organização dos serviços sanitários

Missões:
- Atendimento ao número 15 nos Serviços de Apoio Médico Urgente - SAMU (*Services d'Aide Médicale Urgente*);
- Conselhos médicos;
- Ativar os SMUR - *Service Mobile d'Urgence et de Réanimation* (únicos com meios próprios);
- Solicitar (sem encargos financeiros) deslocação de outros meios: ambulâncias de bombeiros, ambulâncias privadas, médicos particulares...;
- Orientação de doentes que necessitem dum hospital adequado.

Meios:
- 100 centros de atendimento sanitários = SAMU (um por departamento);
- 450 viaturas médicas de emergência = SMUR (com base nos principais hospitais).

O Risco

Os mecanismos acidentais

Os mecanismos acidentais são muitas vezes ligados quer a um embate com um outro comboio ou um obstáculo, quer a um descarrilamento ou ainda a um incêndio (Hertgen e Droin, 2017).

Num ambiente profissional, tornado muito padronizado e sendo objecto de muitos procedimentos, os acidentes podem ocorrer em situações em que múltiplas falhas se tornam cumulativas:

- Factor humano e desvios deliberados quanto à conduta normalizada;
- Falhas de infra-estruturas ou de material circulante (obsoleto, falta de manutenção, etc…);
- Ações malévolas, delituosas ou criminais: roubos de metais, sabotagem, atentados…;
- Condições ambientais: meteorologia, topografia;
- Os elementos de gravidade estão muitas vezes presentes e sobrepõem-se aos mecanismos acidentais:
  - A cinética do acidente, por vezes major (>300km/h);
  - O grande número de vítimas e a massa das carruagens: 400 toneladas para um trem;
  - Topografia dos lugares: túneis, acessos em campo aberto, proteções das vias TGV, trincheiras, ravinas...

Embates

A prevenção dos embates (infraestruturasdeportugal…léxico/e) entre composições baseia-se nos equipamentos e procedimentos de exploração que visam prevenir qualquer embate à cauda ou à cabeça.

São consequência de uma disfuncionalidade na organização do material circulante.

- Embate pela cabeça: circulação de trens em sentido contrário;
- Embates pela cauda: circulação de comboios na mesma direção;
- Os embates na intercepção das vias obliquadas (na maioria das vezes ligadas a um erro de mudança de agulha);
- Acidentes em passagens de nível: as passagens de nível representam um risco de acidentes importantes e a sua supressão constitui um problema de segurança das infra-estruturas ferroviárias;

- Outros tipos de embates: os comboios podem colidir com pessoas, animais, veículos a motor, mas também rochas, deslizamentos de terras ou avalanches.

Descarrilamentos

Podem constituir o mecanismo primitivo do acidente, quando ocorrem com velocidade excessiva não tomando em consideração o perfil das vias ou ainda devido a uma falha de infra-estrutura. Também podem ser secundários a um embate constituindo assim, um fator de agravamento.

O modo de concepção dos comboios, designadamente a rigidez dos eixos do TGV, diminui as consequências de um descarrilamento prevenindo o "tombar" das carruagens.

Os incêndios

Os incêndios nos comboios de passageiros têm a gravidade de todos os incêndios em espaços fechados que se por um lado expõem as pessoas a fumos confinados, por outro lado colocam obstáculos à fuga (Bandeira, 2008). A propagação do fogo para a cauda do comboio, devido ao vento relativo, requer a sua imobilização imediata.

As outras causas de acidentes:
- Explosões: historicamente emergiram em virtude das máquinas a vapor e transporte de munições, actualmente estão em evidência mais por atos de terrorismo ou acidentes de transporte de matérias perigosas;
- Colapsos de obras d'arte (pontes, túneis...). Exemplo: o colapso da abóbada do túnel Vierzy (Aisne) 16 de junho de 1972, que causou 108 mortes e 111 feridos.

A resposta operacional

Os acidentes ferroviários são exemplo de grande variabilidade. Cada situação obedece por um lado a uma organização dos socorros comum a todas as intervenções, e por outro lado à especificidade de cada situação.

A organização geral e a conduta do dispositivo de socorro.

A organização dos socorros e o seu funcionamento inter-serviços sob um comando operacional único constitui uma questão major e condiciona a eficácia da legibilidade da acção dos socorros. Mais precisamente, a articulação entre as ações de salvamento e de luta contra o sinistro com os dos cuidados prodigalizados às vítimas é fundamental, e constitui um ponto fragilidade.

O traçabilidade das vítimas e o estabelecimento de uma lista de vítimas, partilhada, atualizada e transmitida em tempo real as autoridades políticas e judiciais constituem tarefas que não se enquadram no acessório, mas sim numa responsabilidade fundamental do sistema de socorro.

Proteção dos socorros contra riscos elétricos

As infraestruturas ferroviárias são maioritariamente eletrificadas e comportam a este título dispositivos condutores sob tensão: na Europa muitas vezes 750 V (metro) à 1500 V (continua), ou 25000V (alterna monofásica). Estes dispositivos de alimentação elétrica são, regra geral aéreos, (catenárias), mas pode igualmente optar-se por carris condutores, em certas redes subterrâneas (metros, designadamente).

Estas correntes elétricas de alta tensão expõem a um risco elevado de electrocução mesmo a uma certa distância dos condutores, em virtude de fenómenos de arco elétrico. O espaço situado a menos de 3 metros de uma catenária forma assim uma área perigosa em que é proibido intervir sem autorização especial.

Proteção dos socorros contra riscos de circulação dos comboios

A zona de perigo "associada á circulação dos comboios" é a zona na qual o pessoal ou o material que ele manipula pode ser embatido por um comboio, ou ser submetido a um efeito de sopro. Esta zona comporta a própria via e estende-se dum lado ao outro da mesma, numa de largura de 2 metros ou 2.30 metros nas linhas de alta velocidade (LGV), onde o efeito de sopro é acrescido.

Os comboios podem por vezes continuar a circular prudentemente ou em velocidade normal sobre a ou as vias não afetadas pelo acontecimento.

Por este motivo toda a intervenção na zona perigosa deve ser precedida de uma autorização de intervenção emitida por um responsável da rede ferroviária.

Convém salientar que a paragem de comboios de passageiros fora de um cais pode ser fonte de supra-incidente ou supra-acidente (por exemplo, descida de passageiros para as vias férreas...). O reinício da circulação deve ser tão rápido quanto possível.

Acessibilidade ao local do acidente e às vítimas

A acessibilidade ao teatro do sinistro torna-se na maioria das vezes difícil, nomeadamente fora das gares. As vias de caminho de ferro são muitas vezes relativamente afastadas dos eixos rodoviários e conhecem-se poucas alternativas rodoviárias especificas. Muitos dos troços estão em desaterro, aterro ou na proximidade de ravinas ou cursos de água. As redes ferroviárias situadas em zona urbanas, assim como toda a rede de TGV em França são fechadas para evitar a presença de pessoas assim como animais sobre as vias.

Isto causa dificuldades na localização precisa de um acidente que surde à distância de um acesso rodoviário e no encaminhamento dos meios de socorro, mesmo se o gestor da infra-estrutura coloca à disposição dos serviços de socorro cartografia que facilite o acesso às vias da rede ferroviária.

A evacuação das vítimas conhece as mesmas dificuldades. Os transportes em maca num percurso a pé, por vezes longo, sobre balastro, constituem uma dificuldade importante. A utilização de vagonetas, zorras rolando sobre as vias férreas representam uma solução muito útil, mas com débito limitado, uma vez que permite o transporte de um só ferido e bloqueiam a via para qualquer outro uso.

A extensão do sector constitui igualmente um elemento desfavorável; pode estender-se por várias centenas de metros (400 metros no máximo segundo a norma internacional, mas quase 500 metros em França para a via dupla TGV Atlântico) e, necessita então de uma organização multi-local. Na ausência de outra infra-estrutura adequada, é por vezes preferível utilizar uma carruagem intacta de um comboio de passageiros como ponto de reagrupamento das vítimas ou mesmo como posto médico avançado. Além disso, a configuração de um local aberto representa um risco de dispersão de vítimas e implicados, bem como dificuldades para a sua traçabilidade.

Finalmente, em virtude da sua altura, são necessárias escadas para aceder desde o balastro às portas e sobretudo às janelas das carruagens do caminho de ferro.

Especificidades do desencarceramento ferroviário

O desencarceramento das vítimas aprisionadas nas carruagens do caminho de ferro constitui uma grande dificuldade. A concepção e o fabrico do material circulante ferroviário torna-o incomparavelmente mais resistente que os veículos automóveis e o seu corte necessita de equipamento e de manobras prolongadas.

Estas características tornam a extração das vítimas longa e delicada e fazem surgir, nos acidentes graves, problemas semelhantes aos encontrados nos edifícios colapsados, designadamente com lesões por compressões prolongadas.

Este obstáculo à acessibilidade e à extração das vítimas deve ser tomado em linha de conta na condução das ações de socorro bem como nas estratégias de medicalização da frente. Podem, inclusivé, tornar pertinentes a realização de atos cirúrgicos como amputações de libertação (Hertgen e Fuilla, 2012). Além disso, certas circunstâncias, tais como as que foram encontradas durante o acidente na Gare de Lyon, em Paris, em 1988, necessitaram do recursa a necrotomias (secção de um cadáver para aceder a uma vítima viva).

Túneis e subterrâneos

Apresentam dificuldades suplementares:

- Confinamento dos fumos de incêndio: riscos para as vítimas e socorristas. Os metropolitanos são compostos por túneis inter-estações relativamente curtos (muitas vezes menos de 800 metros) regularmente pejados de lixo susceptível de inflamar. Os isoladores da barra de tração podem igualmente causar libertação de fumos, designadamente por motivo de infiltrações;
- Dificuldades na acessibilidade, progressão dos socorros e evacuação de vítimas. Em meio confinado, os socorristas levam um aparelho respiratório de circuito fechado, permitindo-lhes trabalhar mais tempo (3h:00), mas imprimindo-lhes constrangimentos fisiológicos marcados (fadiga, hipertermia, perturbações de trocas gasosas, hipoglicemia ...). As evacuações podem ser organizadas, o que é o caso da maioria delas, ou espontâneas (no caso de passageiros que ativam o sinal de alarme e que saiem espontaneamente sem instruções);
- Obstáculos às transmissões radioelétricas (utilidade das infra-estruturas especificas de comunicações: cabos de transmissão de sinal ...);
- Escuridão, calor.

Estratégias de antecipação

- A prevenção que consiste em evitar a ocorrência de um acidente, e que se releva nos operadores e nas autoridades públicas para a segurança ferroviária.
- A previsão que visa preparar e facilitar a resposta operacional em caso de ocorrência de um acidente: ela salienta os serviços de socorro e consiste designadamente em:
  - Identificar o acesso às estações, às vias, às obras de arte (túneis, pontes ....), meios de evacuação eventuais e a beneficiar de meios cartográficos adaptados.

- Dotar-se de meios específicos entre os quais materiais de desencarceramento, bem como escadas que permitam o acesso desde a via às portas e janelas das carruagens. Os treinos permitem melhorar a eficácia operacional dos serviços e apelam a realização de exercícios regulares, tipo "estado-maior" ou "*in situ*", envolvendo todos os atores do socorro.

Discussão e Reflexões Conclusivas

Para além das dificuldades específicas ligadas às circunstâncias e ao contexto das intervenções, e contrariamente aos acidentes rodoviários, que são ainda objeto de uma certa tolerância por parte da opinião pública quando são perpetados por indivíduos, os acidentes ferroviários acarretam sistematicamente consequências sociais e políticas importantes. Isso explica-se por um lado pelo grande número de vítimas potenciais e por outro por uma exigência de «risco zero» associada às atividades coletivas.

Neste contexto, uma pressão suplementar pesa sobre os intervenientes logo que designadamente autoridades públicas importantes estão presentes nos locais dos acidentes antes mesmo da conclusão das operações de socorro.

Por outro lado, fruto da experiência com acidentes recentemente ocorridos na Europa revelam dificuldades de coordenação inter-serviços face a doutrinas operacionais que parecem coexistir mais do que se associarem. Convém portanto insistir na necessidade de se dispor de uma cadeia de comando única, permitindo assim a ação coordenada de cada serviço, e de evitar ao contrário a justaposição não coordenada dos atores do socorro.

Enfim, a constituição de uma lista das vítimas partilhada, atualizada e transmitida em tempo real às autoridades politicas e judiciais, constitui uma mais-valia estratégica. O imediatismo dos meios de informação já não permite admitir que as imagens de um sinistro possam ser transmitidas em direto e de forma tão ampla antes mesmo que a informação dos próximos e das famílias das pessoas, não esteja assegurada pelos poderes públicos.

Agradecimentos

Os autores agradecem aos Dr. Rui Ponce Leão, Tec. Inf. Manuel João Paiva, Dr.ª Maria José Guimarães e Adj. Cmdo. Mário Ferreira dos BV S. Pedro da Cova a colaboração na tradução do manuscrito.

Bibliografia

Bandeira, R. (2008). *Medicina de Catástrofe. Da exemplificação histórica à Iatroética* (Dissertação de Doutoramento). ICBAS/Un Porto.

Hertgen, P., Fuilla, C. (2012). *Analgesia, Sedação e Anestesia Pré-Hospitalares. Princípios e Protocolos.* Trad. Coord. Bandeira R. Ed. Universidade do Porto.

Hertgen, P,. Droin, L. (2017). Accidents ferroviaires. In: Julien, H. (ed) *Manuel de médecine de catastrophe*. Ed Lavoisier, Paris.

Endereços electrónicos

www.infraestruturasdeportugal.pt/negocios-e-servicos/lexico/e

www.pompiers.fr

www.pompiersparis.fr

www.sdis59.fr

www.sdis80.fr

www.semsp.eu

ORGANIZAÇÃO DA ASSISTÊNCIA NO ACIDENTE FERROVIÁRIO DE SANTIAGO DE COMPOSTELA
THE ASSISTANCE ORGANIZATION IN THE SANTIAGO DE COMPOSTELA RAIL ACCIDENT

José Antonio Iglesias Vázquez
FPUSG-061
antonio.iglesias.vazquez@sergas.es
Mario López Pérez
FPUSG-061
mariochantada@hotmail.com
Viviane Ferreira Leite
FPUSG-061
vivi-fl@hotmail.com

Sumário: Os incidentes de múltiplas vitimas (situação de exceção) e as catástrofes definem-se como aquelas situações nas que existe uma desproporção entre as necessidades de atenção e as capacidades dos dispositivos de assistência habituais. Para os serviços de emergência, pode-se considerar como a proba mais complexa a que podem ser sometidos ,ainda após uma exaustiva e periódica preparação. Por ventura são eventos infrequentes más representam um autêntico Test de stress

O caos e a desproporção entre necessidades e recursos disponíveis são as características iniciais mais significativas, e a sua resolução é, sem sombra de duvidas, um problema de organização. O peso da gestão e coordenação da resposta de saúde, bem como atendimento inicial às vítimas, sustenta-se nos serviços Pré-hospitalares de emergência num primeiro lugar ,e na alertas e preparação da resposta e hospitalar posterior.

DOI: https://doi.org/10.14195/978-989-26-1386-4_4

O acidente Ferroviário de Angrois em Santiago de Compostela, o 24 de julho de 2013 tornou-se numa avaliação para o sistema sanitário na sua totalidade, sendo isto que :sendo que foi resolvido em um curto período de tempo ,com apropriada atenção inicial e final , que trouxe como consequência uma diminuição da mortalidade e dos rescaldos. Ao mesmo tempo ofereceu a oportunidade de ver na prática todos os exercícios de preparação efetuado por anos e a realização de uma análise detalhada do desempenho, para melhorar os recursos, os profissionais assim como as técnicas e os treinos para a sua consecução .

Palavras-chave: Catástrofes, acidente ferroviário, triagem.

Abstract: A Mass Casualty Incident (MCI) is any incident in which emergency medical services resources, such as personnel and equipment, are overwhelmed by the number and severity of casualties. Although infrequent, when they occur, they represent a major challenge and a real stress-test for the healthcare system.

The misbalance between the needs and the resources, and an initial chaos are the common and more remarkable characteristics of all of them. Sequentially, healthcare is provided by the Emergencies Medical Systems (EMS) at the first glance, and later, the definitive treatment will be provided by the hospital services.

The train crash in Angrois on the 24th of July 2013, resulted in the largest MCI in the recent history of Spain, and supposed a global exam for the healthcare system, solved in a relatively short period of time with the appropriate care, as evidenced by the decreased mortality and morbidity. In addition, this MCI has shown the result of the long period of previous training, and allowed a detailed debriefing addressed to finding out the improvement areas in our performance.

Keywords: Mass casualty incident, railway crash, triage.

Introdução

Um acidente de múltiplas vitimas (situação de exceção), é conhecido como a urgência na que existe uma desproporção entre as necessidades para assistir as vítimas e a capacidade dos dispositivos de saúde habituais para atendê-las, e considera-se a situação mais complexa que se pode encontrar um sistema de emergências pré-hospitalar.

A desproporção entre as necessidades e a disponibilidade de recursos é, portanto, a característica principal destas situações de exceção, conjuntamente com a confusão dos primeiros momentos para conseguir informação relevante.

A capacidade do serviço de coordenação para resolver estas duas situações (adequar os recursos e obter informação relevante para uma gestão eficiente), será determinante para o resultado da gestão do acidente de múltiplas vitimas, e esta capacidade depende fundamentalmente de uma organização efetiva, cuja responsabilidade conjuntamente com a assistência sanitária inicial, recaí exclusivamente nos serviços de emergências extra-hospitalares.

Os aspetos mais importantes a ter em conta são a previsão e a organização de antemão, elaborada por cada organismo implicado na resposta, adequando os procedimentos operacionais e as estratégias para fornecer e assegurar a competência na atenção ao AMV por parte dos trabalhadores dos serviços de emergências.

Por tanto a resolução de um AMV começa muito antes das primeiras chamadas de alerta ou de se detetarem as primeiras vitimas.

Neste sentido, as atividades formativas e a realização de simulacros têm um papel essencial, não só como exercícios práticos, mas também na análise posterior da atuação que pode implicar uma possível alteração dos procedimentos operacionais.

O acidente de comboio que aconteceu na curva da "Grandeira" na localidade de Angrois (Santiago de Compostela) no dia 24 de julho de 2013, foi o acontecimento não deliberado que originou o AMV (situação de exceção) maior da história recente de Espanha, e o acidente ferroviário com o maior número de vitimas registadas da história do nosso país.

Experiências recentes em Espanha de outros AMV, como o ataque terrorista de Madrid na estação de Atocha no dia 11 de março de 2004 e o acidente de aviação da companhia Spanair no aeroporto de Barajas de Madrid no dia 20 de Agosto de 2008, permitirão melhorar a nossa preparação e treino, para fazer frente a situações desta natureza, mas nem sempre as lições aprendidas são aplicáveis a situações posteriores.

O acidente de Angrois foi classificado como AMV de nível III, na classificação que estabelece o Plano de Emergências Sanitárias da Fundação Publica Urgências e Emergências de Galiza-061 (FPUSG-061), com um número provável de 218 vitimas.

A resposta ideal para atender um AMV de nível III depende fundamentalmente de atuações a dois níveis: por um lado a central de coordenação (CCUSG-061) atende a catástrofe, que implica dimensionar a magnitude da catástrofe e enviar todos os recursos necessários ao lugar do acidente, e manter uma comunicação interna efetiva com o local de ocorrência, os centros de referência e os diferentes organismos de emergência que estejam a intervir.

Também é imprescindível uma adequada comunicação externa, que permita gerir a informação, a continuação da assistência a familiares e a organização dos voluntários, ao mesmo tempo que se mantém a assistência das emergências habituais.

Em segundo lugar, no ponto de referência da catástrofe, deve-se estabelecer um chefe sanitário de forma imediata, delimitar as áreas de evacuação, resgate e estabilização das vitimas, classificar adequadamente as vitimas (triagem) para dar prioridade tanto ao resgate e transferência para a zona de estabilização, como ao tratamento "*in situ*" das vitimas que o necessitem.

Finalmente deve-se realizar a evacuação organizada, informando a CCUSG-061 para que identifique o centro útil, e a transferência ocorra com a maior rapidez possível, sem colapsar os centros de referência. Este é um ponto fundamental, já que os centros devem manter a capacidade de resolução adequada para as necessidades sanitárias habituais, não podendo parar essa assistência para o cuidado das vitimas de AMV.

As experiências anteriores de AMV salientam o maior risco deste tipo de situações, destinar recursos inadequados a doentes que deles não necessitam (sobre-triagem), estabelecendo uma relação linear entre a mortalidade e a sobre-triagem. Assim sendo, uma adequada intervenção inicial que englobe o resgate, classificação e estabilização inicial homogénea são elementos críticos que determinam o resultado global da intervenção.

O Centro de Coordenação Sanitário

A CCUSG-061 é um centro de regulação médico de emergências e urgências que facilita a adequada articulação entre a assistência pré-hospitalar e a assistência hospitalar. Este centro é especialmente relevante no contexto de uma AMV. É o responsável pela distribuição dos pacientes entre os diferentes centros sanitários, o que implica identificar o centro mais adequado. Para tal é preciso conhecer a necessidade assistencial particular de cada vitima, a capacidade operativa em tempo real de cada centro hospitalar e as alternativas disponíveis, para evitar a saturação dos mesmos.

No centro de coordenação CCUSG-061 estão médicos que desempenham diferentes funções:

- Um chefe de sala que assume a coordenação e o funcionamento geral, cuja tarefa principal inclui a redistribuição das funções do pessoal em função das necessidades assistenciais
- Um médico de emergências (MER) que é quem recebe os alertas que são classificados inicialmente como emergências
- Médicos e enefermeiros coordenadores que gerem alertas que inicialmente não são classificados como emergências.

Quando a capacidade de gestão do MER é ultrapassada pelas necessidades, o chefe de sala (em primeira instância) e os médicos coordenadores (em segunda instância) podem assumir a assistência das emergências.

O alerta no CCUSG-061 é recebido inicialmente por um tele-operador treinado especificamente para obter a informação essencial; basicamente a localização e o número de feridos. Ao mesmo tempo o tele-operador dispõe de um sistema de classificação informatizado desenhado por médicos do CCUSG-061 que permite classificar a gravidade da situação através de um interrogatório telefónico rápido, simples, objetivo e homogéneo. Uma vez que está classificada a gravidade, e em função da mesma, o tele-operador transfere a chamada ao pessoal sanitário que, em contato com quem forneceu o alerta, realiza o interrogatório médico dirigido e envia o recurso necessário para a assistência efetiva.

A informação dos recursos disponíveis é facilitada ao pessoal sanitário através dos locutores, que dispõem da informação em tempo real da localização e distância em tempo a qualquer ponto da comunidade galega de cada um dos dispositivos móveis, entre os quais se incluem:

- As ambulâncias assistenciais de suporte vital avançado (AA-SVA) dotada de dois técnicos de transporte sanitário (TTS), um médico e um enfermeiro especialistas em emergências.
- Os helicópteros medicalizados dotados de piloto, co-piloto, médico e enfermeiro.
- As ambulâncias assistenciais de suporte vital básico (AA-SVB) dotadas de dois técnicos em transporte sanitário

Uma vez detectado um AMV, o chefe de sala ativa o protocolo e o procedimento operativo do CCUSG-061, que inclui a chamada que informa a direção da FPUSG-061, e a reorganização funcional dentro do próprio centro coordenador CCUSG-061, de modo a garantir a assistência ao AMV sem negligenciar a assistencia das chamadas de alerta habituais.

Para isso, o chefe de sala assume a gestão do AMV apoiado inicialmente por um locutor, e a sua função é assumida por um MER que se encarregará de controlar a sala para os restantes alertas diários, conjuntamente com o resto do pessoal de serviço (fig 1).

O responsável da gestão do AMV mobiliza uma AA-SVA, ou um helicóptero medicalizado da Rede de Transporte Sanitário Urgente da Galiza (RTSUG-061), que uma vez no local do incidente constitui o posto de comando sanitário (PMS). Inicialmente também se mobilizam as AA-SVB da RTSUG-061 mais próxima do local do incidente, assim como o material especifico para o AMV,

Fig. 1 - Ativação do protocolo de gestão de AMV na CUSG-061.

Fig. 1 - Activation of AMV management protocol at CUSG-061.

cuja dotação e distribuição pela comunidade Autónoma está definida no Plano de Emergências Sanitárias. A ativação e mobilização de recursos adicionais da RTSUG-061 de zonas limítrofes, de recursos de centros de saúde e inclusive de pessoal hospitalar, dependerá do nível do AMV.

Relativamente à comunicação externa, é informado o hospital de referência da declaração de emergência por AMV, é solicitada a disponibilidade de camas e o estado do serviço de urgência e cuidados intensivos, para, se for necessário, alertar igualmente outros centros (tanto públicos como privados) da zona contemplados para a dispersão dos feridos.

No entanto, a gestão do AMV não compreende só os recursos exclusivamente sanitários, como determina o Plano Territorial de Emergências da Comunidade Autónoma de Galiza (PLATERGA), que foi definido pela Agência Galega de Emergências (AXEGA) e publicado no diário oficial de Galiza (DOG). Abrange tanto as funções de cada corpo de emergências, incluindo o SEM, como a coordenação entre os diferentes serviços e a responsabilidade de cada um deles na intervenção durante um AMV. Trata-se de um documento fundamental que deve ser seguido por todas as instituições implicadas no desenvolvimento da assistencia a um AMV e um sistema de comando das diferentes funções a desenvolver por cada um deles.

O PLATERGA determina a constituição de um PMS para a coordenação efetiva entre os diferentes intervenientes que permita estabelecer os caminhos mais adequados para a chegada e saída das ambulâncias, redistribuir o tráfego se for necessário e a gestão de outros tipos de recursos necessários para a assistência ao AMV, incluindo coordenação de voluntários, dadores de sangue e apoio psicológico às vitimas.

Neste quadro geral, na noite do dia 24 de julho de 2013 recebeu-se a primeira chamada de alerta ao CCUSG-061 às 20:42:12, que informa de um descarrilamento de um comboio em Angrois (Santiago). Depois desta chamada seguem-se outras três em menos de um minuto, que confirmam a informação e detalham a localização exata na curva da Grandeira (Angrois, Santiago de Compostela).

Nestas chamadas já se comunica o descarrilamento de um dos vagões e a presença de numerosas vitimas, aparentemente mortas, nas vias do comboio. No segundo minuto depois do acidente, um dos passageiros informou que o comboio acidentado era o Alvia com trajeto Madrid-Ferrol. A ativação da primeira AA-SVA com base em Santiago de Compostela, e dos restantes meios de socorro disponíveis com base na capital galega, tem lugar no segundo minuto depois do acidente.

A identificação e classificação do AMV produz-se aos três minutos e 52 segundos depois do acidente, e declara-se situação de AMV de nível III (mais de 25 vitimas). De seguida , ativou-se o protocolo correspondente incluindo a ativação imediata da direção do SEM, a divisão do CCUSG-061 em duas sub-salas (uma dedicada especificamente ao AMV e a outra para a atenção sanitária ordinária) e a ativação, como já vimos , de todos os recursos próprios da zona do AMV. A primeira informação procedente de um recurso sanitário mobilizado ao lugar foi recebido aos treze minutos, e a chegada do primeiro recurso me centyro de refer-enciadicalizado do SEM e a sua constituição como posto de comando sanitário (PMS) tem lugar aos 23 min e 4 segundos.

Controlo da situação

A tarefa principal da primeira AA-SVA que chega ao AMV é de introduzir impulsos organizativos integrados com os restantes participantes, que estruturem tanto a equipa como o cenário de crise. Inicialmente o trabalho assistencial é reservado para as equipas de saúde que chegam posteriormente ao incidente, sempre em função da magnitude do sucedido. Assim, este primeiro recurso que constitui o comando avançado, assume a responsabilidade de coordenar a assistência no lugar do acidente, estabelecer as diferentes zonas (resgate, evacuação e estabilização), determinar o responsável da triagem (classificação), manter a comunicação efetiva com o CCUSG-061 para gerir globalmente o AMV e determina o centro de referência para onde se irá derivar cada paciente em função das suas necessidades clinicas em coordenação com o CCUSG.

O médico desta unidade, será o coordenador médico (MM – mando médico) e o profissional de enfermagem o responsável da triagem. O resto da equipa assistencial, tanto da FPUSG-061, como de outros níveis assistenciais que se incorporem, deverão seguir as indicações do MM. Em qualquer caso, dimensionar adequadamente o ocorrido e alertar rapidamente o CCUSG-061 é prioritário. Para isso deve ser estabelecido um canal de comunicação direto, válido e exclusivo para a gestão da situação excepcional

É imprescindível também uma coordenação efetiva com os representantes de outras instituições presentes no ponto de referência, já que serão essenciais para a resolução adequada do AMV. Esta coordenação e colaboração interdisciplinar é vital para a organização do cenário de crise, que deve ser delimitado com fitas, barreiras e bandeiras em diferentes áreas ou sectores funcionais, como:

- Área de salvamento, ou resgate;
- Área de socorro, onde começa a distribuição dos afetados e se desenvolve a assistência sanitária;
- Área de base, onde está a concentração logística, organização e parque das ambulâncias.

Como vimos anteriormente, no AMV de Angrois, a primeira chamada foi recebida ás 20:42, e a chegada da última vítima ao centro de referência (centro hospitalar universitário A Coruña-CHUAC) foi ás 00:59, com um tempo total de 4 horas e 17 minutos. Durante este tempo foram recebidas 1697 chamadas no CCUSG-061, com um pico máximo entre as 22 e as 23 horas (474 chamadas). A gestão deste AMV contabilizou o total de 9 AA-SVA, 23 AA-SVB, 32 ambulâncias de apoio e duas ambulâncias de transporte coletivo, tudo para prestar assistência "*in situ*" a um total de 156 pacientes, e efetuar o seu transporte para os diferentes centros de referência (de acordo com as lesões detectadas e gravidade do paciente). A ativação de recursos ordinários e extraordinários executou-se desde o CCUS-061 de forma sequencial à medida que o MM informava da situação global de cada uma das vitimas; o primeiro pré-alerta aos centros de referência teve lugar no minuto 20 e 39 segundos. (Tabela I)

Esta mobilização de meios realizou-se sem descurar as urgências habituais, dando cobertura ao resto de Galiza. Por esse motivo, agradecemos a participação de todo o pessoal ativo e localizado da FPUSG-061, assim como aos voluntários que se ofereceram a colaborar. Concretamente no CCUSG-061 participaram 2 chefes de sala, 2 médicos especialistas na gestão de emergências, 13 médicos coordenadores (3 de apoio), 15 tele operadores, 7 locutores e 2 enfermeiros de consulta.

Durante a assistência sanitária no ponto do acidente, a participação foi de 34 médicos (18 destes da FPUSG-061), 33 enfermeiros (18 da FPUSG-061) e 96 TTS (Tabela II).

A ativação da direção do SEM, incluiu o estabelecimento no CCUSG-061 de um posto de coordenação sanitária integrado pelo diretor da Assistência Sanitária do Serviço Galego de Saúde (SERGAS), o diretor do SEM e o diretor do centro de coordenação CCUSG-061. Neste momento do acidente, o PMS estava integrado pelos diferentes serviços de emergências e com a presença da direção assistencial do SEM.

A classificação (Triagem)

Num contexto de AMV, a triagem tem um papel fundamental para pôr em ordem o começo de toda a cadeia assistencial. A sua aplicação prática consiste numa série de procedimentos fáceis, rápidos, dinâmicos, repetitivos e contínuos sobre cada uma das vitimas, que posam ser reproduzidos por qualquer observador. O objetivo geral, é conseguir que a assistência sanitária prestada com os recursos disponíveis (não os desejados) sobretudo nos primeiros momentos

TABELA I - Cronograma dos eventos principais.

TABLE I - Timeline of major events.

HORA	TEMPO	COMENTARIO
20:42:12	0:00:00 0:01:02	Alertas por descarrilamento do comboio ALVIA, vagões descarrilados, mortos.
20:43:59	0:01:17 0:04:39	AA-SVA1 Santiago, AA-SVB2 Santiago.
20:44:35	0:02:23 0:07:12	Confirmação de dados, localização e magnitude do acidente.
20:46:04	0:03:52	Plano de Emergências SEM 3.Director de coordenação do SEM
20:46:51	0:04:39	5 AA-SVA y una segunda AA-SVA
20:51:05	0:08:53 0:19:41	Geolocalização do accidente.
20:51:10	0:08:58 0:12:52	Ativação de ambulâncias de apoio e duas AA-SVB adicionais.
20:53:26	0:11:14	Chegada ao ponto de impacto da primeira ambulância.
20:56:04	0:13:52	AA-SVB: 10 vagões, 2 incendiados.
20:56:15	0:14:03 2:09:28	Recursos adicionais na área do acidente, ativação de recursos de apoio para atender às emergências habituais.
21:05:16	0:23:04	Organização da assistência *"in situ"*. Planificação, rotas de evacuação.
21:13:23	0:21:11	Primeira chegada de vítimas ao hospital.
21:17:11	0:34:59	Primeiro retorno de ambulância à zona do acidente. Inicio do ciclo.
21:30:47	0:48:05	Constituição do 2º foco e 2º comando sanitários
22:22:42	1:40:30	Todos os feridos classificados e estabilizados.
22:51:28	2:09:16	Pacientes críticos evacuados de ambos os focos.
00:05:57	3:23:45	Última evacuação de ferido do ponto.
00:59:18	4:17:06	Última chegada de vítima a centro de referência.

[1] ΛΛ-SVA
[2] AA-SVB
[3] SEM

do AMV. Com eles conseguir a sobrevivência do maior numero possível de vitimas e a redução do numero de lesões posteriores.

A triagem é um processo continuo e unidirecional da cadeia de assistência ao AMV, com diferentes fases, segundo o momento, a área de intervenção e o objetivo específico da priorização (bem seja para o resgate, para a estabili-

TABELA II - Perspectiva global e recursos utilizados.

TABELA II - Global perspective and resources used.

LUGAR	EVENTO/RECURSOS	TOTAL
CCUSG-0611	Chamadas recebidas na CCUSG-061(central de coordenação de urgências sanitárias 061)	1.697
	Médicos CCUSG-061	17
	DUE2 CCUSG-061	2
	Teleoperadores	15
	Locutores	7
PONTO DO ACCIDENTE	AA-SVA3	9
	AA-SVB4	23
	Ambulâncias de apoio	32
	Ambulâncias coletivas	2
	Médicos SEM 5 no ponto	18
	Médicos não SEM no ponto	16
	Enfermeiros SEM no ponto (sistema de emergência médica)	18
	DUES não SEM no ponto	15
	TTS6(técnicos de transporte sanitário)	96

[1] CCUSG-061: Central de Coordenação de Urgências Sanitarias-061
[2] DUES: Enfermeiros
[3] AA-SVA: ambulâncias assistenciais de suporte vital avançado
[4] AA-SVB: ambulâncias assistenciais de suporte vital básico
[5] SEM: Sistema de Emergências Médicas
[6] TTS: Técnicos de transporte sanitário)

zação ou para a evacuação), e utilizam-se por isso diferentes ferramentas (fig. 2). Corresponde a uma etiqueta estruturada num código de cores que seja entendida por todos os participantes, e assim favorece o processo de continuidade assistencial com a transmissão da informação relevante entre os diferentes profissionais e hierarquias(fig. 3).

Uma vez organizado e controlado o cenário em Angrois, a primeira intervenção assistencial necessária definida foi a triagem. O modelo da FPUSG-061é um procedimento multi-nível que tem como ponto de partida o modelo META, adoptando dentro deste modelo algoritmos de decisões diferentes. O primeiro nível é a triagem básica, que é utilizado pelos primeiros intervenientes do SEM,

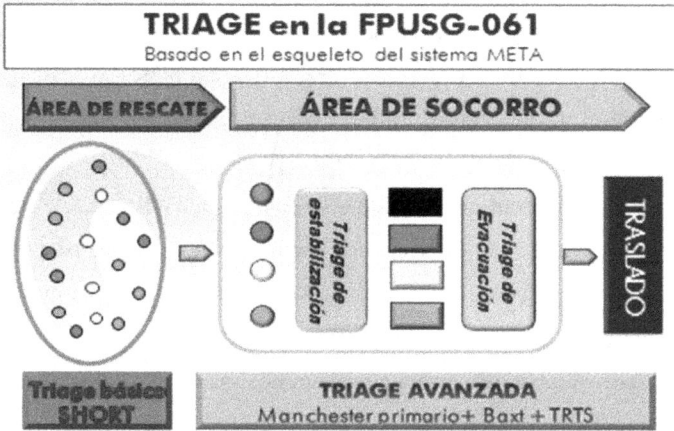

Fig. 2 - Esquema do processo de triagem da FPUSG-061.

Fig. 2 - Scheme of the screening process of FPUSG-061.

Fig. 3 - Cartões de triagem da FPUSG-061.

Fig. 3 - FPUSG-061 sorting cards.

e é realizado no ponto de impacto (área de salvamento, triagem de resgate) com o objetivo de organizar o cenário, e realizar uma priorização para o resgate e transporte para o posto sanitário avançado (PSA) situado na área de socorro. Se não fosse possível ou necessário realizar a triagem básica, o pessoal de saúde responsável da triagem assumiria a triagem desde o principio, aplicando diretamente uma triagem avançada.

A triagem avançada, tem duas fases: a primeira dirigida a classificar as vitimas para a estabilização (triagem de estabilização) e a segunda para identificar as vitimas que precisam cirurgia imediata e tratar de retirar as mesmas (triagem de evacuação). Para a triagem de evacuação utiliza-se um algoritmos baseado na triagem de Manchester, e para a triagem de evacuação, o Baxt Trauma Rule associado ao Triage revised trauma Score.·

O registo de todas as fases da triagem e das ações realizadas sobre a vitima é conservado num cartão especifico, que inclui lembranças de algoritmos e um registro duplo com identificação numérica única, que permite enviar uma cópia ao centro útil e utilizar a outra para o seguimento posterior do paciente, porque permanece com o SEM.

Assistencia sanitaria pré-hospitalar e evacuação

A categoria obtida na triagem de estabilização agrupará as vitimas em quatro grupos organizados por prioridades de atenção, e o MM deverá (em função dos recursos disponíveis) distribuir as tarefas de assistência entre as diversas zonas de atenção dentro do PSA. Deve ser privilegiada a eficiência em relação efetividade, para tentar salvar o máximo número de vitimas possível. Por isso deve ser dada prioridade aos procedimentos mais resolutivos, analisando o gasto/ beneficio no que diz respeito ao consumo de recursos humanos e materiais, reservando as intervenções mais complexas às etapas(se as houver) em que o balanço de recursos disponíveis e vitimas seja mais equilibrado.

Deve-se estabelecer um plano de necessidades para a evacuação tendo em conta os recursos disponíveis no local e as necessidades observadas nos pacientes, e informar o CCUSG-061 antes do inicio das evacuações, para que este possa atribuir um destino ao paciente. O responsável da evacuação organiza o roteiro das ambulâncias, estabelecendo o ponto de carga das ambulâncias numa zona próxima e funcional entre a área de socorro e a área de base, realizando um registro filiado dos pacientes transferidos.

Os principais centros de referência disponíveis para a assistência do AMV de Santiago, incluem um complexo hospitalar com um serviço único de urgências e dois hospitais de nível III dotados com um numero suficiente de blocos operatórios e camas de cuidados intensivos localizados a menos de 10 min do lugar do acidente, um dispositivo de urgências de saúde primaria (SAP) dotado com 3 médicos e 3 enfermeiros, e um hospital combinado de nível II dotado com bloco e serviço de radiologia. A uma hora de distancia do acidente havia 4 blocos operatórios adicionais de nível II cada um com serviço de radiologia, blocos operatórios e unidade de cuidados intensivos.

Passados 45 minutos desde o acidente, identifica-se um segundo foco de vitimas, onde o médico responsável de outra AA-SVA se constitui como MM. Para facilitar o acesso das ambulâncias, a recirculação das mesmas e aperfeiçoar o processo e assistência às vitimas, são facilitados dois acessos diferentes a cada um dos focos de estabilização e evacuação (fig. 4 e 5). Desta forma, uma vez evacuados os pacientes desde a área de resgate até à de estabilização, em função da gravidade detectada, a CCUSG-061 é informada através do MM e identifica os diferentes centros úteis para a sua evacuação. O pré- alerta dos diferentes centros de referência da comunidade autónoma permitiu manter um fluxo constante de pacientes evitando assim o seu colapso. Desde o momento do acidente até ao resgate, transferência das vitimas a cada uma das áreas de estabilização e evacuação, classificação e tratamento inicial passaram 1 hora e 40 min desde o momento do acidente acabando com a evacuação do ultimo paciente crítico às 2 horas e 9 min e a evacuação de 156 vitimas em 3 horas e 23 minutos.

No que se refere às vitimas e à sua transferência, foram derivadas 156 vitimas, entre elas 37 críticos (classificados de vermelhos), 34 de gravidade intermédia (classificados de amarelos) e 85 de gravidade leve (classificados de verdes).

Fig. 4 - Rotas de acesso e evacuação.

Fig. 4 - Access and evacuation routes.

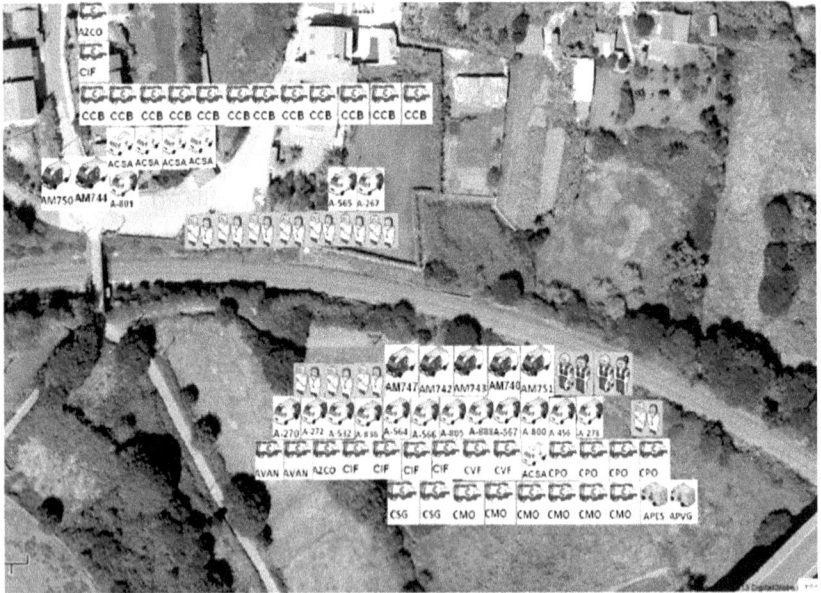

Fig. 5 - Distribuição dos recursos em ambos os focos.

Fig. 5 - Distribution of resources in both outbreaks.

82

Os centros identificados como úteis foram o hospital universitário de Santiago de Compostela (CHUS hospital nível III), para onde foram a maioria dos pacientes críticos (35 de um total de 37), o centro de atenção primaria (PAC) situado em frente do serviço de urgências do CHUS (recebeu 28 pacientes, todos verdes), o hospital de La Rosaleda, centro combinado com serviço de urgências e ortopedia, (recebeu 10 pacientes de gravidade intermédia e 15 com gravidade leve), e fora da cidade, o hospital Miguel Dominguez de Pontevedra, dotado de serviço de urgências e bloco de ortopedia (recebeu 3 doentes, nenhum critico), o complexo hospitalar de Pontevedra de nível II (recebeu um paciente intermédio e dois leves) e o complexo hospitalar universitário da Coruña de nível III (recebeu dois pacientes intermédios, dois leves e o ultimo paciente critico com queimaduras graves por ser o centro de referência de queimados).

Resposta hospitalar

A resposta hospitalar é decisiva para a resolução definitiva de um AMV. Deve ter em conta vários fatores, não só a distância, mas também a capacidade para assumir pacientes por parte dos serviços de urgências e cuidados intensivos, a capacidade diagnóstica com meios radiológicos e a disponibilidade de equipas cirúrgicas. Todos estes aspetos são da maior relevância, juntamente com a necessidade de contar com professionais, não só assistenciais mas também de suporte, suficientes para enfrentar uma chegada desmedida de feridos.

Torna-se fundamental realizar uma distribuição entre diferentes centros, avaliando a gravidade e as necessidades especiais (medulares, queimados, etc.), evitando transferir a AMV a um único centro de referência, e considerar que, tal como sucede com o SEM, a atividade habitual de cada um dos hospitais não deve ser interrompida na medida do possível.

No acidente de Angrois, e depois do pré-alerta por parte do CCUSG-061, o complexo hospitalar Universitário de Santiago(CHUS) ativou o seu próprio plano de emergência às 20:51 e avisou o diretor hospitalar, diretor de turno, chefe de turno e urgências, que se encarregaram de organizar a logística necessária para a recepção de feridos em primeiro lugar, mas também de familiares. Os primeiros feridos chegaram ao centro às 21.10; depois da chegada realizou-se uma segunda triagem classificando em críticos/instáveis e estáveis, para os quais se disponibilizou um piso completo disponível no hospital.

A organização da assistência no CHUS incluiu:

- A organização do serviço de urgências;
- A instauração de uma sala próxima de familiares das vitimas com constante fluxo de informação;
- O estabelecimento de um sistema de identificação e localização de feridos;
- A gestão de dadores de sangue.

Dos 113 feridos recebidos no CHUS, 58 tiveram alta depois da avaliação médica, 28 foram internados em unidades de cuidados intensivos (17 em reanimação, 8 na unidade de cuidados intensivos e 3 na unidade de cuidados intensivos pediátrica), 18 nos serviços de hospitalização convencional (neurologia, neurocirurgia, ortopedia, cirurgia torácica e cardiologia), 1 permaneceu em observação no serviço de urgências e 8 morreram durante a permanência no serviço de urgência.

Realizaram-se um total de 409 estudos radiológicos, 2 ressonâncias magnéticas, 124 tomografias computorizadas (68 cerebrais, 20 cervicais, 29 torácico-abdominais, 2 de peñasco,3 faciais /orbita e 1 de coluna dorsal). Destas, 49 ainda na urgência.

Utilizou-se radiologia simples em 283 estudos, 167 no serviço de urgência e 45 no SAP, incluindo 65 radiografias de tórax, 31 de grade costal e 28 de coluna cervical.

As lesões mais diagnosticadas foram:

- 19 traumatismos crâneo encefálicos graves;
- 15 fraturas faciais;
- 23 traumatismos torácico fechados;
- 43 fraturas de ossos largos, pelve e coluna vertebral;
- 2 amputações traumáticas;
- 5 traumatismos abdominais fechados.

A atividade cirúrgica requereu 11 blocos cirúrgicos, 6 de ortopedia, 4 de neurocirurgia e 3 de cirurgia geral. As técnicas mais frequentemente aplicadas foram craniectomias, amputação de membro, redução de fraturas de "*halo*" e sutura de escalpes.

Por último tiveram que ser realizadas uma série de atuações posteriores que se deve ter em conta na hora de planificar o desenvolvimento posterior da situação como foram:

- Transferência dos pacientes para os centros hospitalares das suas comunidades , uma vez estabilizados;
- Gestão das ortopróteses;
- Estudos radiológicos evolutivos;
- Apoio psicológico aos feridos e familiares.
- Visita de autoridades

Conclusões

A gestão de um AMV deve ser coordenada com os vários serviços de emergências participantes, mas sempre mantendo um PMS para gerir as atuações dos profissionais de saúde de uma maneira rápida e eficaz.

Os centros de coordenação sanitários desempenham um papel fundamental na mobilização de recursos, gestão de comunicações e transmissão de ordens e informação. É o local principal de trabalho e coordenação da direção do SEM pelo controlo global da situação e dos recursos, quer humanos quer materiais.

A classificação dos pacientes de forma seriada e diferenciada nos diferentes lugares onde se inicia a atenção, estabilização, transferência e entrega, traz como consequência uma avaliação organizada e maiores índices de sobrevivência e diminuição de sequelas.

A mobilização de recursos humanos e materiais representa um ponto crítico ao atender um AMV. Todos devemos conhecer o nosso papel e reconhecer o nosso posicionamento hierárquico. É imprescindível dispor de um plano de emergência sanitário atualizado e revisto, em concordância com o plano de emergência geral da comunidade.

A resposta hospitalar interna deve basear-se em procedimentos internos coordenados sempre alimentados com a informação facilitada pelo SEM. A agilidade da mesma ir-se-à repercutir no êxito da gestão do AMV.

Outros aspetos a ter em conta para a correta gestão de um AMV devem ser a gestão dos voluntários, dos familiares e dos dadores de sangue. Não se deve esquecer o papel quer institucional quer dos meios de comunicação.

Bibliografía

Álvarez Álvarez, M., Ameijeiras Bouza, M.ª C., Barcia Baliñas, M., Barreiro Díaz, M.ª V., Caamaño Arcos, M., Caamaño Martínez, M., Castro Paredes, J. M.ª, Cenoz Osinaga, Ig., Chacón Lista, J., Cibrán Álvarez, M.ª del Mar., Cores Cobas, C., Eiras Tasende, B., Fompedriña Martínez, M., Fontoira Fernández, J. C., Freire Tellado, M., García Estraviz, C., González Araujo, A., Iglesias Castro, M., Lareo Porral, Carlos A., López Pérez, M., Martín Rodríguez, M.ª D., Medina Trigo, M.ª J., Muñoz Agius, F., Pazó Guerrero, E., Prado Pico, C., Prados Sande, C., Riplinger Morenza, G., Rodríguez Barreiro, S., Rodríguez Bestilleiro, A., Soler Saez, P., Torres González, M.ª D., Varela-Portas Mariño, J. (2010). Activación do protocolo AMV na Central de Coordinación. In: Plan de Emerxencias. Fundación Pública Urxencias Sanitarias de Galicia-061. Mabel Aguayo, CB. ISBN: 978-84-693-4323-4, p. 43-52. Disponible en: http://www.sergas.es/gal/Publicaciones/Docs/UrgSanitarias/PDF-1949-ga.pdf

Blanco-Ons Fernández, P., Sánchez-Santos L., Rodríguez-Nunez, A., Iglesias-Vázquez, J. A., Cegarra-García, M., Barreiro-Diaz, M. V. (2007) Paediatric out-of-hospital resuscitation in an area with scattered population (Galicia-Spain). BMC *Emerg Med*, 7: 3. Published online May 14. doi: 10.1186/1471-227X-7-3.

Baxt, W. G., Jones, G., Fortlage, D. (1990). The trauma triage rule: a new, resource-based approach to the prehospital identification of major trauma victims. *Ann Emerg Med*, Dec;19(12):1401-6.

Bledsoe, B.E., Wesley, A.K., Eckstein, M., Dunn, T. M., O'Keefe, M. F. (2006). Helicopter scene transport of trauma patients with nonlife-threatening injuries: a meta-analysis. *J Trauma*, Jun; 60(6):1257-65; discussion 1265-6.

Challen, K., Walte,r D. (2013). Major incident triage: comparative validation using data from 7th July bombings. *Injury*, May;44(5):629-33. doi: 10.1016/j.injury.2012.06.026. Epub 2012 Aug 9. PMID:22877789.

Frykberg, E. R. (2002). Medical management of disasters and mass casualties from terrorist bombings: how can we cope. *J Trauma*, 53:201–12.

Hirshberg, A., Holcomb, J. B., Mattox, K. L. (2001). Hospital trauma care in multiple casualty incidents: a critical view. *Ann Emerg Med*, 37: 647–52.

Peláez Corres, M. N., Giménez-Bretón, J. A., Gil Martín, F. J., Larrea Redín, A., Buzón Gutiérrez, C., Castelo Tarrio, I. (2005). The SHORT method. Initial extrahospitalary triage when faced with multiple victims. *Emergencias*,17:169-175.

WHO - WORLD HEALTH ORGANIZATION (2005). Annual Report on Health Action in Crises. Geneva.

LINHA DO TUA: O ACIDENTE E O SOCORRO

TUA RAILWAY: THE ACCIDENT AND THE RESCUE

Maria Gouveia
Departamento de Geografia e Turismo/CEGOT,
Faculdade de Letras da Universidade de Coimbra)
mmalgouveia@gmail.com
Luciano Lourenço
Departamento de Geografia e Turismo/CEGOT,
Faculdade de Letras da Universidade de Coimbra)
luciano@uc.pt

Sumário: No dia 12 de fevereiro de 2007, registou-se um dos mais trágicos acidentes na Linha do Tua, verificando-se a queda da composição "Bruxelas" para o rio Tua, arrastando cinco pessoas. A leitura e análise de notícias, entrevistas e reportagens, possibilitou o conhecimento da sequência diária dos acontecimentos relacionados com o socorro, bem como dos meios envolvidos e, também, da situação de cada uma das vítimas.

Palavras-chave: Acidente ferroviário, Linha do Tua.

Abstract: On February 12th 2007, there was one of the most tragic accidents in the Tua Railway. The "Bruxelas" carriage dropped down into the Tua River, dragging five people. The reading and analysis of the news, interviews and reports about this accident enabled to understand the daily sequence of the events related to the rescue and also to know which materials were necessary as well as the situation of each victim.

Keywords: Railway accident, Tua Railway.

DOI: https://doi.org/10.14195/978-989-26-1386-4_5

Introdução

A Linha do Tua foi inaugurada em ambiente de festa e o seu fim surgiu após a ocorrência de vários acidentes, bem como da construção da barragem do rio Tua que encerrou, definitivamente, aquela ferrovia.

No dia 12 de fevereiro de 2007, registou-se um dos acidentes mais trágicos, tendo ocorrido ferimentos em dois passageiros e a morte de três funcionários.

A imprensa local, regional e nacional respondeu imediatamente após o alerta do acidente, através da publicação de diversas notícias, entrevistas e reportagens e a partir da leitura e análise das mesmas foi possível tomar conhecimento não só das condições em que este acidente ocorreu, nomeadamente a sequência diária das atuações das equipas de socorro e os meios que foram utilizados, mas também das consequências do acidente, bem como as dificuldades que as equipas de emergência e socorro tiveram que enfrentar.

Ascensão e declínio

Na segunda metade do século XIX, depois de 30 anos de instabilidade político-social deu-se início a uma estratégia de desenvolvimento das infraestruturas de transporte, nomeadamente caminhos-de-ferro, estradas e portos, com o objetivo de se promoverem as atividades agrícolas, comerciais e industriais, tendo sido criado o Ministério das Obras Públicas.

A Linha do Tua é uma distinta obra de engenharia, realizada no âmbito do plano nacional ferroviário, durante o reinado de D. Luís, que tinha como principal objetivo ligar a cidade do Porto a Espanha e, por essa via, exportar produtos agrícolas.

A 30 de junho de 1884 foi assinado o contrato de construção da Linha do Tua, pela margem esquerda do rio, e a 16 de outubro foram iniciadas as obras de construção.

No dia 1 de janeiro de 1990, após cem anos de utilização, a Linha do Tua foi votada para desativação. Assim, atualmente, o troço entre Bragança e

Mirandela foi completamente desativado, estando toda a extensão da Linha em completo abandono, deixada à mercê da degradação e a estação de caminhos-de-ferro de Bragança deu lugar à principal estação rodoviária daquela cidade. No concelho de Mirandela, ainda se efetua a utilização da Linha, entre as estações de Carvalhais e Cachão, tendo o comboio dado lugar ao metro de superfície.

O acidente e o socorro

No dia 12 de fevereiro de 2007, por volta das 18 horas e 15 minutos, deu-se o trágico acidente, tendo-se verificado a queda da composição "Bruxelas" para o rio Tua, arrastando cinco pessoas (fot. 1).

Fot. 1 – Composição "Bruxelas" caída no rio Tua
(Fotografia de Maria Gouveia, 2007).
*Photo 1 – "Bruxelas" composition in the Tua River
(Photo by Maria Gouveia, 2007).*

Na origem desta queda está um movimento de vertente (desabamento) que se supõe ter ocorrido entre as 17 horas e as 18 horas e 15 minutos do dia do acidente. O desabamento caraterizou-se pela deslocação de uma grande quantidade de blocos de granito que destruiu a linha de caminhos-de-ferro (fot. 2), razão que originou a queda, em direção ao rio, da composição "Bruxelas", ao longo de uma vertente com uma altura de cerca de 60 metros.

Com base na leitura e na análise efetuada às notícias, entrevistas e reportagens, apresenta-se a sequência diária dos acontecimentos após ter ocorrido este trágico acidente.

Dia 12

A composição do metro de superfície denominada "Bruxelas" partiu da Estação de Mirandela pelas 15h30m e chegou, por volta das 17h à Estação do Tua. Pelas 18h partiu da Estação do Tua transportando cinco pessoas e, pas-

Fot. 2 – Aspeto dos carris após o acidente (Fotografia de Maria Gouveia, 2007).
Photo 2 – Rails' appearance after the accident (Photo by Maria Gouveia, 2007).

sados cerca de 15 minutos, deu-se o acidente junto ao km 7, entre as estações de Tralhariz e Castanheiro do Norte.

A composição "Bruxelas" caiu de uma altura de cerca de 60 metros, levando as cinco pessoas que transportava, tendo duas delas sido projetadas antes de a composição atingir o rio Tua e as outras três foram arrastadas até ao rio.

Imediatamente foi dado o alerta pela jovem que fora projetada, tendo esta conseguido contactar o 112 e a chegada de meios ao local deu-se passado cerca de três horas, tendo o resgate das duas vítimas que foram projetadas sido efetuado por meio do helicóptero da Autoridade Nacional de Proteção Civil (ANPC) que se deslocou desde Santa Comba Dão.

Entretanto, para a estação do Tua, deslocaram-se: uma Viatura de Emergência Médica (VMER), desde Vila Real, e uma Viatura de Intervenção em Catástrofe (VIC), desde o Porto.

Por sua vez, o Instituto Nacional de Emergência Médica (INEM) montou um posto médico avançado na Estação do Tua, para acolher as vítimas do acidente, mas aí não foi possível a aterragem do helicóptero da ANPC que transportava as duas vítimas, por falta de visibilidade, sendo obrigado a aterrar na Vila de Carrazeda de Ansiães. Nessa vila já aguardava uma ambulância para efetuar o transporte das duas vítimas para o posto médico avançado, montado na Estação do Tua, local onde foram estabilizadas. Por volta das 23 horas, as duas vítimas, já estabilizadas, regressaram, de ambulância, à vila de Carrazeda de Ansiães, para junto do helicóptero da ANPC que, depois, as transportou para o hospital de Vila Real.

Nesse mesmo dia, equipas de mergulhadores dos Bombeiros Voluntários de Macedo de Cavaleiros deslocaram se para junto da composição e, por volta das 24 horas, chegou mais uma equipa de mergulhadores dos Bombeiros Voluntários de Mirandela. Todavia, só após ter sido dada ordem de encerramento das comportas da barragem da Ponte Açude de Mirandela é que foi possível a entrada das equipas de mergulhadores dos bombeiros voluntários na composição "Bruxelas", o que aconteceu por volta das 2 horas da manhã, já do dia 13. As buscas terminaram pouco tempo depois, por volta das 3 horas e 30 minutos.

Neste dia, foram vários os meios envolvidos, designadamente:

- 4 Corpos de Bombeiros (cerca de 50 operacionais);
- 2 Equipas de mergulhadores dos Bombeiros Voluntários de Mirandela e de Macedo de Cavaleiros;
- 2 Helicópteros (ANPC e INEM);
- Elementos da GNR de Bragança;
- Elementos do Comando Distrital da ANPC.

Por sua vez, a situação das vítimas, era a seguinte:
- Uma vítima com um pulso partido, estável e livre de perigo, deslocada para o hospital de Vila Real;
- Uma vítima com uma fratura na anca, estável e livre de perigo, deslocada para o hospital de Vila Real;
- rês vítimas desaparecidas.

Dia 13

As buscas recomeçaram cedo e, pela manhã, foi encontrado o corpo de uma das vítimas desaparecidas, que estava junto à composição, na margem esquerda do rio. O corpo encontrava-se preso à fuselagem da máquina, o que evitou que tivesse sido arrastado pela forte corrente do rio. Por outro lado, a equipa de mergulhadores verificou que no interior da composição não se encontravam mais vítimas, pelo que as buscas no rio foram suspensas, tendo continuado em terra.

Entretanto, com a ajuda de cordas, os bombeiros içaram numa maca o corpo da vítima mortal, pois o helicóptero não pôde atuar devido ao nevoeiro, tendo de seguida sido transportado para o Instituto de Medicina Legal de Mirandela.

Por sua vez, na foz do rio Tua encontravam-se cinco embarcações de bombeiros de Viseu e, também, cinco mergulhadores e cinco fuzileiros da Marinha. Pelas 17h10m, três mergulhadores dos fuzileiros iniciaram as buscas junto à barragem de Bagaúste, onde se supunha estar algum corpo das vítimas preso nas redes de proteção para retenção da passagem de lixo para as turbinas da barragem.

As buscas terminaram às 02h30m, já do dia 14, tendo envolvido os seguintes meios:

- 33 Bombeiros com 13 viaturas;
- 3 Equipas de mergulhadores;
- 3 Equipas cinotécnicas da GNR da Régua e de Bragança;
- 1 Helicóptero (ANPC);
- Elementos do Comando Distrital da ANPC;
- 4 Psicólogos.

A situação das vítimas passou a ser a seguinte:

- Uma vítima, com luxação no pulso e dores abdominais, foi transferida para o Hospital de Lamego;
- Uma vítima operada ao fémur, com sucesso, no Hospital de Vila Real;
- Uma vítima mortal;
- Duas vítimas desaparecidas.

Dia 14

As operações de busca recomeçaram pelas 7 horas da manhã.

A busca por baixo da composição "Bruxelas", para se verificar a possível existência de algum corpo, obrigou à vinda de material hidráulico desde Lisboa. Esse material foi montado ao longo da manhã e apenas pelas 17 horas é que foi possível inclinar a composição, em cerca de 45 graus, e, depois, percorrer o seu interior e o exterior, mas não foi encontrado qualquer corpo das vítimas desaparecidas.

Assim, as buscas continuaram a ser efetuadas pelos mergulhadores, na margem direita do rio Tua e na barragem de Bagaúste, tendo sido interrompidas ao fim da tarde. Envolveram os seguintes meios:

- Material hidráulico;
- Mergulhadores;
- 20 Botes com cães e fuzileiros.

A situação das vítimas manteve-se:

- Uma vítima com uma luxação no pulso e dores abdominais, internada no Hospital de Lamego;
- Uma vítima operada ao fémur, internada no Hospital de Vila Real;
- Uma vítima mortal;
- Duas vítimas desaparecidas.

Dia 15

As buscas foram retomadas por volta das 7h30m, entre o local do acidente e a Barragem de Bagaúste.

Os bombeiros e as equipas cinotécnicas continuaram a procurar junto às margens do rio Tua, enquanto nove mergulhadores percorreram o rio Tua e mais cinco mergulhadores o fizeram no rio Douro, acompanhados de cinco embarcações dos bombeiros de Viseu e cinco fuzileiros da Marinha.

Apesar do esforço das buscas, não foi encontrado qualquer corpo junto às redes de retenção que impedem a passagem de lixo para as turbinas da barragem de Bagaúste, tendo sido decidido encerrá-la às 16 h.

Enquanto decorriam estas buscas, foram instalados cabos de aço, presos às rochas e à composição "Bruxelas", de modo a que esta rodasse e permitisse encontrar os dois corpos das vítimas, o que acabou por não se verificar.

O helicóptero da ANPC retomou as buscas no rio Tua, tendo vindo de Armamar e, durante a tarde, o piloto encontrou mais uma vítima mortal quando sobrevoou um local mais abrigado do rio Tua, onde a corrente é forte e se formam remoinhos. O corpo estava a 3 km para jusante do acidente.

As buscas terminaram no rio Tua às 17h30m e, na barragem de Bagaúste, às 18h30m, tendo estado envolvidos os seguintes meios:
- 14 Mergulhadores;
- 5 Embarcações de bombeiros;
- 18 Botes da marinha;
- 5 Fuzileiros da marinha;
- Equipas cinotécnicas;
- 1 Helicóptero (ANPC).

A situação das vítimas passou a ser a seguinte:

- Uma vítima internada no Hospital de Lamego;
- Uma vítima internada no Hospital de Vila Real;
- Duas vítimas mortais;
- Uma vítima desaparecida.

Dia 16

Chovia intensamente e os mergulhadores foram obrigados a interromper as buscas, permanecendo, apenas duas embarcações no rio Douro e um helicóptero a sobrevoar o rio Tua.

Com o objetivo de ser apanhado qualquer objeto flutuante, foi colocada uma rede na ponte ferroviária da foz do Tua e coordenou-se uma ação de encerramento da Ponte Açude, em Mirandela e da barragem de Bagaúste, com o objetivo de redução do caudal do rio Tua, com o envolvimento dos seguintes meios:

- Mergulhadores;
- 2 Botes da marinha;
- 1 Helicóptero (ANPC).

A situação das vítimas manteve-se:

- Uma vítima internada no Hospital de Lamego;
- Uma vítima internada no Hospital de Vila Real;
- Duas vítimas mortais;
- Uma vítima desaparecida.

Dia 17

As buscas foram retomadas por volta das 7h30m.

Um mergulhador feriu-se, tendo sido evacuado por helicóptero para o hospital de Mirandela e, depois, para o hospital de Lamego.

Nas operações estiverem envolvidos os seguintes meios:

- Mergulhadores;
- Fuzileiros da marinha;
- Bombeiros;
- Equipas cinotécnicas da GNR;
- Elementos do INEM;
- 1 Helicóptero (ANPC).

A situação das vítimas manteve-se:

- Uma vítima internada no Hospital de Lamego;
- Uma vítima internada no Hospital de Vila Real;
- Duas vítimas mortais;
- Uma vítima desaparecida.

Dia 18

As operações de busca foram retomadas às 7h30m.

Um bombeiro partiu um pé, ao ser atingido por uma pedra de grandes dimensões, e foi assistido no hospital de Bragança.

Houve envolvimento dos seguintes meios:

- 12 Botes;
- 17 Viaturas;
- Fuzileiros da marinha;
- Bombeiros;
- Equipas cinotécnicas da GNR;
- Polícia marítima
- Elementos do INEM;
- 1 Helicóptero (ANPC)

A situação das vítimas manteve-se estacionária:

- Uma vítima internada no Hospital de Lamego;
- Uma vítima internada no Hospital de Vila Real;

- Duas vítimas mortais;
- Uma vítima desaparecida.

Dia 19

A proteção civil coordenou uma ação de encerramento de seis barragens, a montante do local do acidente, concretamente as barragens dos rios: Rabaçal, Tuela, Vinhais (barragem de Prada), Torga, Vale Madeiro e Mirandela. Esta operação permitiu baixar o caudal em cerca de um metro e meio, de modo a que as buscas pudessem ser efetuadas durante cerca de uma hora e meia.

Com esta operação foi possível encontrar o corpo da terceira vítima mortal. Por volta das 17h o helicóptero que sobrevoava as margens do rio Tua encontrou o corpo dessa terceira vítima mortal, quase submerso, num local de difícil acesso. Nesse local a corrente estava muito forte e havia poços profundos onde os mergulhadores não poderiam chegar sem que o caudal do rio fosse baixado.

O corpo da vítima foi, depois, transportado para o Instituto de Medicina Legal de Mirandela.

Os meios envolvidos foram os seguintes:
- Bombeiros;
- 1 Helicóptero (ANPC).

A situação das vítimas passou a ser a seguinte:
- Uma vítima internada no Hospital de Lamego;
- Uma vítima internada no Hospital de Vila Real;
- Três vítimas mortais.

Conclusão

Em matéria de socorro, o acidente ferroviário que ocorreu no dia 12 de fevereiro de 2007 foi bastante abrangente, pois envolveu buscas em terra e nas águas turvas do rio Tua.

Ao longo dos oito dias em que decorreu o resgate das vítimas, foram várias as dificuldades com que as equipas de socorro se depararam, nomeadamente, a chuva, o nevoeiro, a forte corrente do rio Tua, os maus acessos e as deficientes comunicações entre a terra e o ar. Estas dificuldades deram origem a que o resgate dos corpos das três vítimas mortais se prolongasse por oito dias e somente através da coordenação de ações de fecho de um conjunto de seis barragens é que foi possível encontrar o corpo da quinta vítima deste trágico acidente.

Sabendo-se que na origem deste acidente esteve um movimento de vertente, considera-se fundamental a monitorização do estado de evolução das vertentes com regularidade e, sempre que se verifiquem períodos chuvosos, torna-se imperativo reavaliar todas as pequenas movimentações, registando-se todas as deslocações ocorridas, atualizando-se a cartografia de risco e propondo-se as medidas mitigadoras mais convenientes. Deste modo atua-se de forma preventiva e minimizam-se as consequências nefastas que a ocorrência de um acidente desta natureza poderá provocar.

Deveremos, pois, atuar preferencialmente na fase da prevenção e não nos limitarmos a reagir, apenas, após os acidentes.

Referências bibliográficas

Belém, J. (2007). Corpos continuam desaparecidos no rio. Diário de Notícias, 15 de fevereiro.

Bragança, S. (s/d). Autarca contra fecho da linha do Tua.

Fernandes, A. (2007). A Linha do Tua. *Mensageiro de Bragança*, 22 de fevereiro.

Gomes, J.; Cardoso, A.; Gil, P. (2008). Sistemas Integrados de Gestão de Risco; ensaio metodológico aplicado à Linha do Tua (NE de Portugal). *Cadernos de Geografia*. N.º 26/27, 2007-2008. Faculdade de Letras da Universidade de Coimbra. Coimbra.

Gonçalves, C., Pires, F. (2007, 22 de fevereiro). Desastre poderia ter sido evitado. *Mensageiro de Bragança*.

Gouveia, M. (2007, 28 de fevereiro). Acidente na Linha de caminho-de-ferro do Tua. *Notícias de Mirandela*.

Oliveira, P. (2007). Vidas perdidas e morte dos nossos lugares, 15 de fevereiro.

Osório, E., Mota, J. (2007). Helicóptero de socorro ficou sem combustível, 14 de fevereiro.

Pereira, H. (2012). *Debates Parlamentares sobre a Linha do Tua (1851-1906) – Compilação, introdução e notas*. Projeto Foz Tua.

Pinto, P. (2007). Descarrilamento no Tua. Expresso, 13 de fevereiro.

Pires, F. (2007). Dois feridos transportados para o hospital de campanha, 12 de fevereiro.

Pires, F. (2007). Comboio cai ao Tua, 15 de fevereiro.

Rodrigues, E. (2007). Ao sabor do vento, 14 de fevereiro.

Santos, J. (s/d). Investigador de Coimbra há muito que alertava para estes perigos e riscos associados. *Diário de Coimbra.*

Sem autor (2007). Proteção civil mobiliza meios para acidente na Linha do Tua. *Público*, 12 de fevereiro.

Sem autor (2007). Encontrado um corpo no local de acidente na Linha do Tua. *Portugal Diário*, 13 de fevereiro.

Sem autor (2007). Acidente Tua: os Verdes exigem presença de Mário Lino na AR. *Diário Digital/ Lusa*, 13 de fevereiro.

Sem autor (2007). Tua: Dois feridos estáveis e livres de perigo. *Diário Digital/Lusa*, 13 de fevereiro.

Sem autor (2007). REFER avança causa provável para a tragédia. *Jornal da Madeira*, 13 de fevereiro.

Sem autor (2007). Descarrilamento na Linha do Tua. *SIC*, 13 de fevereiro.

Sem autor (2007). Encontrado um corpo no Tua. *SIC*, 13 de fevereiro.

Sem autor (2007). Acidente: Descarrilamento poderá ter sido causado por desabamento de pedras no Tua, 13 de fevereiro.

Sem autor (2007). Encontrado corpo de um dos três desparecidos, 13 de fevereiro.

Sem autor (2007). Acidente no Tua: Sobrevivente explica como foi cuspida do comboio, 13 de fevereiro.

Sem autor (2007). Buscas no Tua: Autoridades aumentam perímetro, 13 de fevereiro.

Sem autor (2007). Governador Civil de Bragança pede segurança na reabertura da Linha do Tua. *Lusa*, 13 de fevereiro.

Sem autor (2007). Tua: Jovem transferida para Lamego. *Diário Digital/Lusa*, 14 de fevereiro.

Sem autor (2007). Acidente: 2 M€ investidos na linha do Tua no último ano. *Diário Digital/Lusa*, 14 de fevereiro.

Sem autor (2007). Tua: Buscas na barragem de Bagaúste começaram às 17:10. *Diário Digital/Lusa*, 14 de fevereiro.

Sem autor (2007). Acidente: Mergulhadores vão encontrar grande quantidade de lixo em barragem. *Lusa/SOL*, 14 de fevereiro.

Sem autor (2007). Investimento na Linha do Tua «vai continuar». *Lusa/SOL*, 14 de fevereiro.

Sem autor (2007). REFER – Relatório alertava para perigos na linha do Tua. *TVI*, 14 de fevereiro.

Sem autor (2007). REFER sabia de situações críticas na linha do Tua. *TVI*, 14 de fevereiro.

Sem autor (2007). Buscas até ao fim de todas as esperanças. *Rádio Renascença*, 15 de fevereiro.

Sem autor (2007). Acidente no Tua – Suspensas as buscas dos passageiros desaparecidos. *Lusa/ SOL*, 15 de fevereiro.

Sem autor (2007). REFER sabia de situações críticas na linha do Tua, 15 de fevereiro.

Sem autor (2007). Verdes temem encerramento da linha do Tua, 15 de fevereiro.

Sem autor (2007). Movimento Cívico pela Linha do Tua pede inquérito, 15 de fevereiro.

Sem autor (2007). Buscas continuam – Anunciado investimento de 1,5 milhões na linha do Tua. *PNN Portuguese News Network*, 15 de fevereiro.

Sem autor (2007). REFER recusou intervenções na linha do Tua, 15 de fevereiro.

Sem autor (2007). Descarrilamento de comboio – Encontrado corpo de uma segunda vítima do acidente na linha do Tua, 15 de fevereiro.

Sem autor (2007). Corpos não estavam debaixo da automotora. *Jornal de Notícias*, 15 de fevereiro.

Sem autor (2007, 16 de fevereiro). Dois feridos deverão ter alta na próxima semana. Chuva intensa suspende buscas dos mergulhadores no Tua. *Lusa*, 16 de fevereiro.

Sem autor (2007). Acidente Tua: PGR está a investigar causas. *Diário Digital/Lusa*, 16 de fevereiro.

Sem autor (2007). Mergulhador ferido nas buscas. *Região Transmontana*, 17 de fevereiro.

Sem autor (2007). Buscas continuam – Acidente do Tua pode ser o fim da linha do nordeste transmontano, 19 de fevereiro.

Sem autor (2007). Uma semana depois do acidente – Prosseguem buscas no Tua, 19 de fevereiro.

Sem autor (2007). Tragédia na Linha do Tua. *Região Transmontana*, 19 de fevereiro.

Sem autor (2007). Autarcas preocupados com o futuro da linha. *Região Transmontana*, 19 de fevereiro.

Sem autor (2007). Cadáveres recuperados em operações de risco. *Região Transmontana*, 19 de fevereiro.

Sem autor (2007). Em 120 anos este foi o primeiro acidente. *Região Transmontana*, 19 de fevereiro.

Sem autor (2007). Barragens fechadas ajudam buscas. *Jornal de Notícias*, 19 de fevereiro.

Sem autor (2007). "Héli" alternativo demoraria hora e meia a chegar ao Tua. *Jornal de Notícias*, 19 de fevereiro.

Sem autor (2007). Carruagem do metro de Mirandela caiu às águas do Rio Tua. *Notícias de Mirandela*, 28 de fevereiro.

EM MEMÓRIA DA GRANDE TRAGÉDIA FERROVIÁRIA DE ALCAFACHE. A RESPOSTA DA 1.ª LINHA

IN MEMORY OF THE BIG RAILWAY TRAGEDY OF ALCAFACHE. THE 1ST LINE RESPONSE

José Laranjeira
Ex -residente da Direcção do Serviço Nacional de Bombeiros
Albano Ribeiro de Almeida
Ex-Inspetor Regional de Bombeiros do Centro do Serviço Nacional de Bombeiros
Américo Pais Borges
Ex-Comandante do Corpo de Bombeiros Voluntários de Canas de Senhorim

Sumário: Apesar de terem decorrido 30 anos sobre o acidente ferroviário de Alcafache, ele ainda está bem presente na memória de quem o viveu e, muito em particular, daqueles que na altura detinham responsabilidades diretas no socorro às vítimas. A descrição do modo como foi prestada essa assistência, narrada pelos três responsáveis do então Serviço Nacional de Bombeiros, respetivamente a nível local, regional e nacional, ajuda a situar-nos no contexto da época e das condições em que foi prestado o socorro. Além da descrição do sucedido, com o envolvimento de diferentes agentes de proteção civil, em função da fita do tempo, apresentam-se também algumas das consequências que este acidente determinou, quer para a melhoria das condições de segurança nas vias férreas, quer para o conhecimento da Medicina de Catástrofe.

Palavras-chave: Emoção, stress no trabalho, trauma, emergência, ferrovia.

DOI: https://doi.org/10.14195/978-989-26-1386-4_6

Abstract: Although 30 years have passed on the Alcafache railroad accident, it is still very much in the memory of those who lived there and, in particular, of those who at the time had direct responsibilities in helping the victims. The description of the manner in which this assistance was provided, narrated by the three heads of the then National Fire Service, at local, regional and national level, helps situating ourselves in the context of the time and conditions under which help was provided. In addition to the description of what happened, with the involvement of different civil protection agents, as a function of the time tape, some of the consequences that this accident has determined, both for the improvement of the safety conditions on the railroads and for the knowledge of Catastrophe Medicine

Keywords: Emotions, job stress, trauma, workers, railway.

Introdução

No dia 11 Setembro de 1985, o Presidente da Direção do Serviço Nacional de Bombeiros, Eng.º José António da Piedade Laranjeira andava na Região Centro, a recolher elementos sobre o resultado das medidas que o Serviço Nacional de Bombeiros (SNB), estava gradualmente a implantar no combate aos Fogos Florestais.

Com efeito, esse ano fora bastante complicado do ponto de vista do combate, dadas as condições meteorológicas adversas, pois esse verão foi extramente quente, com vários dias em que a temperatura ultrapassou 30 graus Celsius e a humidade relativa do ar foi inferior a 30%, valores favoráveis à progressão dos incêndios florestais. No entanto, dias antes, mais precisamente a 8 de setembro, vários Corpos de Bombeiros que se encontravam a combater um incêndio florestal no Carvalhal da Mulher, na serra do Caramulo, foram surpreendidos por uma trovoada que desabou sobre essa região e ajudou a extinguir os incêndios florestais, designadamente o que matou 16 bombeiros em Armamar.

Essa viagem decorria algures, na Estrada da Beira, e quando se preparava para comer algo, foi alertado para o facto de ter sido detetado mais um incêndio perto de Nelas, uma situação que, embora sendo normal para a época, sempre preocupava pelo facto de serem incêndios a mais num país tão pequeno.

Entretanto, o Comandante dos Bombeiros Voluntários de Canas de Senhorim, Dr. Américo Pais Borges, que pelas 18H35 desse fático dia 11 de Setembro de 1985, se encontrava na Central Rádio dos seus Bombeiros Voluntários, ouviu uma mensagem transmitida por uma ambulância do Corpo de Bombeiros Voluntários de Aguiar da Beira, solicitando o envio de ambulâncias para a estrada de Nelas-Mangualde. De imediato mandou sair as 4 ambulâncias de que a Corporação dispunha na altura, com as respetivas tripulações, enquanto pedia às Corporações mais próximas que também enviassem as ambulâncias disponíveis para o local, mesmo sem saber de que tipo de acidente se tratava, pois quando, naturalmente, os bombeiros lhe perguntavam o que se passava, a sua reposta era *"não sei, possivelmente será um acidente, ou um choque de cadeia de viaturas, ou um autocarro que teve um acidente"*.

O Comandante Américo Pais Borges tentou inquirir o tripulante da ambulância de Aguiar da Beira perguntando-lhe a localização exata do acidente e o que efetivamente se estava a passar, mas não obteve reposta. O bombeiro continuava insistentemente a pedir ambulâncias para a estrada Nelas-Mangualde e, naquilo que lhe pareceu ser muito tempo, mas provavelmente foram uns escassos minutos, o tripulante da ambulância de Aguiar da Beira lançou novo apelo, em que solicitava o envio de *"Autotanques pois as Carruagens estavam a arder"*. Nessa altura, apercebeu-se de que se tratava de um acidente ferroviário e fez o alerta geral às Corporações de Bombeiros, assumindo assim, desde o início, o comando e o controlo do sinistro.

O acidente ferroviário de Alcafache

O acidente ocorreu na linha férrea da Beira-Alta, que era e continua a ser de via única, na altura ainda não estava eletrificada, mas possuía trânsito intenso, pois era a principal via de acesso para a Europa. Os dois comboios envolvidos no desastre, o Sud-Expresso com destino à Europa e um comboio regional, transportariam cerca de 350 passageiros. No primeiro deles viajavam muitos emigrantes, que regressavam aos seus países de acolhimento, acompanhados por elevadas quantidades de produtos regionais, que ficaram muito danificados e até misturados com corpos carbonizados.

As ambulâncias enviadas pelo Corpo de Bombeiros de Canas de Senhorim chegaram ao local, cerca de 5 minutos após o acidente, logo seguidas pelas dos Bombeiros de Nelas e de outras Corporações, tendo começado a evacuar os feridos para o Hospital de Viseu e para os Centros de Saúde de Nelas e de Mangualde.

Logo que o Comandante Pais Borges tomou conhecimento do tipo de acidente, fez sair de imediato um Autotanque, equipado com material de desencarceramento e espumífero, no qual também se deslocou para o local.

A cerca de dois quilómetros, do local do acidente logo avistaram uma enorme coluna de fumo negro que, efetivamente, indiciava carruagens incendiadas. Ao chegarem ao local, felizmente próximo da Estrada Nacional 234, que une os concelhos de Mangualde e Nelas, com a linha férrea a distar menos 50 metros da estrada nacional, depararam-se com uma visão caótica (fot. 1): *"carruagens a arder do Sud-Expresso, carruagens a arder do comboio regional, carruagens descarriladas, carruagens na linha, locomotivas quase desaparecidas"*.

Autotanque do CB de Canas de Senhorim, em que seguia o Comandante Américo Pais Borges e alguns operacionais, chegou ao local pelas 18H50 e imediatamente eles secundaram os bombeiros no combate ao incêndio que devorava as carruagens do Sud-Expresso e também uma do Comboio Regional, mas só foi possível atenuar e, depois, extinguir o incêndio, com recurso a espuma, pois os materiais que ardiam eram fundamentalmente plásticos, cabedal e napas, além de que exalavam fumos muito densos (fot. 1 e 2), que impediam os bombeiros de penetrarem no interior das carruagens, mesmo com máscaras de circuito fechado.

Só constataram isso após uma atitude de alguma imprevidência, que os levou a penetrar no interior de uma carruagem e que, apesar da agulheta de alta pressão que transportavam, teriam lá ficado, não fora um bombeiro tê-los arrastado para o exterior.

Entretanto, iam tentando entrar nas carruagens. Todas elas eram carruagens-
-cama com 10 compartimentos. A segunda carruagem do Sud-Expresso, que
não tinha ainda ardido, estava descarrilada e tinha apenas 6 compartimento,
pois os primeiros 4, devido ao choque, tinham funcionado como um harmónio
e não estavam lá. No primeiro dos outros compartimentos, que seria o quinto,
encontraram uma senhora encarcerada pela cama que, após duas horas de trabalho exaustivo de desencarceramento, foi extraída viva e sem danos aparentes,

Fot. 1 - Imagens do Acidente: a) Pormenor de uma carruagem a arder; b) Posição em
que ficaram duas carruagens; c) Detalhe de uma carruagem sinistrada e propagação
do incêndio à floresta; d) Material circulante danificado
(Fotografias de A. Ribeiro de Almeida).

*Photo. 1 - Images of the Accident: a) Detail of a carriage burning; b) Position in which
two carriages stayed; c) Detail of a sinister carriage and fire spread to the forest
d) Damaged rolling stock (Photographs by A. Ribeiro de Almeida).*

A

B

Fot. 2 - Carruagens a arder: a) Detalhe de uma das carruagens sinistradas a ser consumida pelo fogo; b) Pessoal em socorro (Fotografias de A. Ribeiro de Almeida).

Photo. - Carriages burning: a) Detail of one of the carriages being consumed by the fire; b) Personnel in distress (Photographs by A. Ribeiro de Almeida).

pcla janela do lado esquerdo, visto que a carruagem estava tombada sobre o lado esquerdo, em relação a quem está voltado para a fronteira.

Depois, começaram a entrar em mais carruagens, onde era possível fazê-lo, na tentativa de encontrar ainda alguém com vida (fot. 3). No entanto, eram só cadáveres ... *"digo-vos que não é fácil, 30 anos depois, lembrar-me daquilo que vi..."*

A

B

Fot. 3 - Aspetos do acidente: a) Material circulante destruído; b) Pessoal em socorro
(Fotografias de A. Ribeiro de Almeida).

*Photo. 3 - Aspects of the accident: a) Rolling stock destroyed; b) Personnel in distress
(Photographs by A. Ribeiro de Almeida).*

Entretanto, foi solicitado às forças da Guarda Nacional Republicana presentes no local para que afastassem os inúmeros civis que ali se encontravam, trabalho que foi executado de maneira eficiente, como só a GNR sabe fazer, permitindo que as vias de socorro ficassem desimpedidas e, assim, se facilitasse a deslocação dos homens e dos meios de prestação de socorro. A GNR, teve um papel extraordinário na regularização do trânsito na EN 234, junto ao local do acidente, permitindo a chegada e saída dos meios de socorro, sem problemas.

Por outro lado, foi solicitado à Pista de Viseu que fizesse uma alerta geral, no sentido de fazer deslocar para o local mais Corpos de Bombeiros portadores de material de iluminação, visto que a área não era iluminada. O Comandante de Pista era o Comandante Alexandre, dos Bombeiros Voluntários de Lagares da Beira, que foi um grande auxiliar, de uma competência extraordinária no envio de meios de socorro. Também foi pedido à Pista de Viseu para combater com meios aéreos o incêndio que ali também ocorria, e que estava a agravar fortemente a situação, pois fora provocado pelo acidente e acelerado pelo combustível derramado no embate frontal das duas locomotivas e que se tinha propagado à mata contígua à via-férrea. Este pedido foi satisfeito de imediato e os aviões canadair fizeram descargas sobre o comboio e o pinhal circundante.

O cenário era dantesco: carruagens descarriladas, corpos amalgamados juntamente com corpos carbonizados, carruagens a arder, a temperatura nalgumas carruagens em chamas era tão elevada que derreteu alumínio, cujo ponto de fusão é de 660,3ºC, o que permite avaliar as temperaturas que então se desenvolveram e que deram origem a focos de incêndios na mata circundante (fot. 4).

Seguiu-se a repetição da vistoria às carruagens, principalmente do Sud-Expresso, mas também às do comboio regional, no sentido de encontrar sobreviventes que, porventura, tivessem escapado à primeira vistoria efetuada pelos primeiros bombeiros chegados ao local, mas não foi encontrado mais ninguém vivo. Todas as operações se desenrolaram sem atropelos, pois cada bombeiro sabia qual era a sua missão e efetuava-a impecavelmente.

Fora do Teatro das Operações, o Presidente da Direção do Serviço Nacional de Bombeiros e o Inspetor Regional de Bombeiros do Centro tomaram conhecimento do acidente, pela escuta rádio permanente da Central de Rádio da

Inspeção Regional de Bombeiros da Região Centro, em Coimbra, bem como pela
informação proveniente da Pista de Viseu, em funcionamento naquela altura,
por ainda ser "época de incêndios florestais", a qual dispunha tanto de aviões

Fot. 4 - Carruagens a arder e propagação do incêndio à floresta envolvente: a)
Pormenor da propagação do fogo duma carruagem para a vegetação circundante; b)
Restos de carruagem destruída e pormenor do pinhal queimado; c) Vista geral duma
carruagem em chamas, da qual se libertou alumínio derretido que pegou fogo à vegetação; d) Pormenor do alumínio derretido que solidificou nas pedras da brita da via
férrea, recolhidas e religiosamente guardadas pelo Comandante Pais Borges (Fotografias de A. Ribeiro de Almeida (a, b, c) e de Sofia Bernardino (d)).

*Photo. 4 - Carriages burning and propagating the fire to the surrounding forest: a)
Detail of the spread of the fire of a carriage to the surrounding vegetation; b) Remains of
carriages destroyed and details of the burned pine forest; c) Overview of a burning carriage, from which the molten aluminum was released and that set fire to the vegetation; d)
Detail of the molten aluminum that solidified on the stones of the gravel of the railroad,
collected and religiously guarded by the Commander Pais Borges
(Photographs by A. Ribeiro de Almeida (a,b,c) and Sofia Bernardino (d)).*

de combate a incêndios florestais, como de helicópteros para esse combate e para o transporte das brigadas helitransportadas. Em função da gravidade da ocorrência, logo decidiram dirigir-se para o local do acidente.

Nos contactos rádio que foram estabelecendo, quer com a pista, quer com os CB da área, foram também conhecendo a evolução da situação. Sabiam que o acidente ocorrera na área de Coordenação Operacional dos Bombeiros de Canas de Senhorim e que no local se encontrava o respetivo comandante, Dr. Pais Borges, o qual acionava e coordenava os meios. De igual modo, tiveram conhecimento do seu pedido à Pista de Viseu, para combater com meios aéreos o incêndio que ali também ocorria e que estava a agravar fortemente a situação, pois fora provocado pelo acidente e acelerado pelo combustível derramado no embate frontal das duas locomotivas. Entre outros contactos que estes dirigentes conseguiram estabelecer, destaca-se o efetuado com o então Delegado Distrital da Proteção Civil de Viseu, na altura Major Riquito, o qual informou sobre as suas diligências para socorro aos feridos e apoio aos sinistrados, as quais foram consideradas perfeitas por estes dirigentes.

Convém recordar que tanto os meios de coordenação operacional, como as comunicações, comparativamente com a atualidade, eram ainda muito deficientes, pois não havia instalados nem comandos operacionais, nem centros de coordenação distrital, que viriam a ser estruturas adequadas a situações semelhantes, as quais estavam ainda numa fase embrionária, mas como as viaturas de comando já dispunham de emissões rádio em banda alta, lá se ia conseguindo comunicar, embora não plenamente.

Quando chegaram ao local, ainda com restos do pôr-do-sol, depararam-se com uma situação de difícil descrição (fot. 5). As equipas de socorro, basicamente constituídas por bombeiros, envoltas por pequenos focos de incêndio que se iam manifestando, procuravam socorrer as vítimas, em particular as que estavam ainda retidas dentro das composições. O ambiente era devastador e muito difícil de aguentar sem virem as lágrimas aos olhos perante as inúmeras dificuldades em chegar a todos os lados onde vidas corriam perigo. Entretanto, chegou a noite mas, como tinham sido instalado projetores, foi possível continuar a trabalhar com alguma segurança. No entanto, tudo parecia irreal, fantasmagórico.

A

B

Fot. 5 - Imagens da tragédia: a) Material circulante destruído e incêndio na floresta
envolvente; b) Aspeto da dimensão do desastre
(Fotografias de A. Ribeiro de Almeida).

*Photo. 5 - Images of the tragedy: a) Rolling stock destroyed and fire in the surrounding
forest; b) Aspect of the dimension of the disaster
(Photographs by A. Ribeiro de Almeida).*

Restava-lhes a missão de mobilizar quem pudesse ajudar e animar quem estava ali em missão de socorro, para não se deixarem abater perante as dificuldades vividas e que eram muitas e de grande impacto emocional.

Cerca das 19h30 compareceu no local o Sr. Governador Civil do Distrito de Viseu, acompanhado pelo Capitão Aguiar que era membro do Serviço Distrital de Proteção Civil, a quem foi efetuado o pedido de autorização para procurar alojamento para os sobreviventes não feridos, pedido esse que foi aceite.

Entretanto, iam chegando ao local mais individualidades políticas, existentes na época, designadamente o Sr. Ministro da Administração Interna, Eng.º Eduardo Pereira, que foi o primeiro elemento do Governo a chegar ao local e a acompanhar de perto os trabalhos de socorro que, com o avançar da noite, se tornavam cada vez mais difíceis e problemáticos. Depois, compareceram também os senhores: Secretário de Estado das Comunicações, Dr. Raul Junqueiro; Presidente da República, General Ramalho Eanes; Primeiro-Ministro, Dr. Mário Soares; Ministro da Saúde e, outros membros do Governo. Todos eles foram unânimes em elogiar o trabalho dos bombeiros.

Um acidente com estas dimensões não deixou de mobilizar outros agentes da Proteção Civil, como foi o caso da Cruz Vermelha e da Guarda Nacional Republicana, e, ainda, de um outro agente, nem sempre referido, que diz respeito aos cidadãos das comunidades vizinhas que ocorreram e colaboraram nos trabalhos em curso.

De louvar a solidariedade das populações de Mangualde e de Nelas, dos jornalistas da RPT e das rádios e dos jornais, de empresas que na época comercializavam sumos, leite, sandes, pois foram inexcedíveis em levar aos socorristas do acidente de Alcafache tudo aquilo de que precisavam e até do que não careciam.

A prestação do socorro funcionou bem (fot. 6), acima de tudo graças à competência tanto das brigadas de trânsito da GNR, como dos bombeiros, primeiro de Canas de Senhorim e depois das corporações limítrofes, que conseguiram transportar sem qualquer perda de tempo os sinistrados de Alcafache ao Hospital Distrital de Viseu e aos Centros de Saúde de Mangualde e de Nelas, porque este ficava mais perto do acidente do que o de Mangualde. O IP5 já se encontrava construído entre Mangualde e Viseu, mas não estava aberto ao público, tendo sido inaugurado pelas ambulâncias dos bombeiros. Cortou-se o trânsito na estrada N234 entre o local do acidente e Mangualde. Os Centros de Saúde de Nelas e de Mangualde, bem como o Hospital de Viseu, respondiam da melhor maneira. Os dadores de sangue surgiam e a tradicional hospitalidade beirã funcionou uma vez mais, com as populações de Mangualde e Nelas a prestarem apoio aos passageiros dos comboios e aos seus bombeiros.

Nos dois dias imediatos, os Bombeiros de Canas de Senhorim, Mangualde e Nelas mantiveram-se no teatro das operações para colaborarem na remoção das carruagens e na desinfeção do local.

A televisão e a rádio fizeram a cobertura noticiosa do sinistro com reportagens, entrevistas e com a preocupação de saber o número de sinistrados e de mortos. Todavia, esse número não se conseguiu apurar, como também não sabemos o dos desaparecidos, ou mesmo se os houve. A RTP produziu uma reportagem nessa noite, em direto, a qual correu em ecrãs de muitos países do mundo.

O número de mortos de Alcafache, não foram 200 como dizia uma edição especial do Comércio do Porto, nem foram os 57 que, na altura, o Comandante Pais Borges adiantou para a comunicação social e que contou, por excesso, em

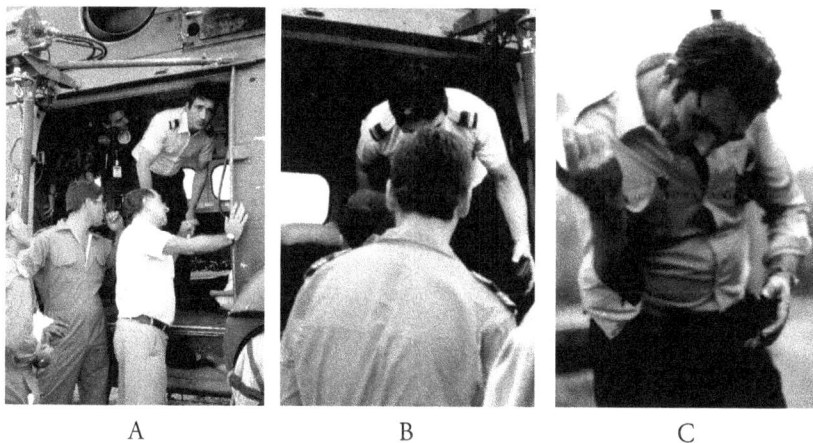

| A | B | C |

Fot. 6 - Aspetos do socorro aos feridos: a) Transporte de feridos em helicóptero; b) Embarque de feridos; c) Pessoal de socorro (Fotografias de A. Ribeiro de Almeida).
Photo. 6 - Aspects of the help to the wounded: a) Transportation of wounded by helicopter; b) Embarkation of wounded persons; c) Help personnel (Photographs by A. Ribeiro de Almeida).

função dos corpos retirados das carruagens. Passados 30 anos, ele continua convicto de que não terão chegado a 150, e, com certeza, não foram os 200 mencionados no jornal, mas terão sido mais do que os 57 que, na altura, referiu.

Nos dias de hoje, todos nós acompanhamos as tragédias que ocorrem no país e, nestes casos, o INEM envia psicólogos, no sentido de minorar os traumas sentidos, não só pelos familiares das vítimas mas também pelos socorristas que desempenham as suas funções. Em Alcafache os bombeiros também tiveram apoio psicológico, embora diferente do atual, traduzido nos ombros uns dos outros e nas lágrimas que choraram quando removiam os corpos carbonizados, imagens que nunca mais esqueceram.

Como ficou conhecido, Alcafache serviu para demonstrar que os Bombeiros de Portugal são competentes, sabem socorrer muito bem e são o sossego para uma vida segura. Serviu ainda para criar sentimentos de prevenção, concretamente nos comboios, os quais teriam evitado o acidente, se existissem na época.

Conclusão

Esta catástrofe marcou a transição do socorro em acidentes ferroviários do antes para o depois de Alcafache, com o aprofundamento, estudo e implementação de técnicas, tanto de prevenção, como de socorro. Foi, sobretudo, graças ao acidente de Alcafache que se criaram condições para sensibilizar as Faculdades de Medicina para a necessidade de criar conhecimento em Medicina de Catástrofe.

Um acidente, seja qual for a sua dimensão, tem, à partida, vítimas ou prejuízos materiais, e a função do socorro é minorar esses efeitos negativos. Neste caso, dois fatores influenciaram a prontidão do socorro e a sua atuação:

a) O sistema, então montado, para o Combate aos Fogos Florestais, traduzido designadamente na deteção do foco de incêndio originado pelo acidente, bem como na intervenção dos meios aéreos sediados no aeródromo de Viseu, e, ainda, na recém criada estrutura de Comandos

Operacionais e de Brigadas de Primeira Intervenção, ao tempo em curso de implementação e desenvolvimento.

b) O local do acidente, por este ter tido lugar numa zona plana e ter sido próximo de uma estrada nacional, o que permitiu uma grande facilidade de acesso ao socorro. Com outra tipologia do local do acidente, ou seja, de mais difícil acesso, as consequências deste acidente teriam sido bem mais graves.

Poderão passar muitos anos, do mesmo modo que muitos dos pormenores vividos naquela situação poderão desaparecer da memória dos intervenientes, mas quem viveu aquele panorama de gente aflita não mais esquecerá como nos sentimos impotentes para enfrentar tão dura realidade, na qual dezenas de nossos concidadãos perderam a vida.

O passar dos anos vai ensinado que, quando a vida dos outros corre perigo, mais se fortalece o princípio de que o socorro tem como pedra basilar a PREVENÇÃO, pelo que quanto mais cuidados se desenvolverem e mais se respeitarem, menores serão os RISCOS e mais eficiente será o SOCORRO.

Esta é a história do acidente de Alcafache e da saga heroica dos bombeiros que intervieram nesse acidente ferroviário. A propósito da atuação dos bombeiros, se Luís Vaz de Camões tivesse estado em Alcafache, teria repetido a frase *"bendita pátria que tais filhos tem"*!

Bibliografia

Laranjeira, José António da Piedade (2016). Alcafache - a grande catástrofe ferroviária. *Livro de resumos do X Encontro Nacional de Riscos e II Jornadas Técnicas da Federação de Bombeiros do Distrito de Viseu*, RISCOS, Viseu.

Pais Borges, Américo (2016). A resposta da 1.ª linha (Relatório do Acidente Ferroviário de Alcafache). *Livro de resumos do X Encontro Nacional de Riscos e II Jornadas Técnicas da Federação de Bombeiros do Distrito de Viseu*, RISCOS, Viseu.

Ribeiro de Almeida, Albano José (2016). Em memória do desastre de Alcafache. *Livro de resumos do X Encontro Nacional de Riscos e II Jornadas Técnicas da Federação de Bombeiros do Distrito de Viseu*, RISCOS, Viseu.

O ACIDENTE FERROVIÁRIO DE ALCAFACHE: UM OLHAR SOBRE A IMPRENSA DIÁRIA GENERALISTA NACIONAL.

THE ALCAFACHE RAILWAY ACCIDENT: A LOOK AT THE DAILY GENERALIST NATIONAL PRESS.

António Cabral de Oliveira
Jornalista
tocabraldeoliveira@gmail.com

Sumário: O choque de dois comboios naquele troço da Linha da Beira Alta foi um dos momentos mais marcantes e difíceis na minha vida de jornalista. Era o horror dos mortos e dos feridos, os corpos destroçados, o estupor dos presentes, aquele insuportável cheiro a carne humana queimada. Alcafache tem de ser irrepetível.

Palavras-chave: Acidente ferroviário, Alcafache, análise de imprensa.

Abstract: The clash of two trains on that section of the Beira Alta Line was one of the most striking and difficult moments in my life as a journalist. It was the horror of the dead and the wounded, the shattered bodies, the stupor of the present, that unbearable smell of burnt human flesh. Alcafache must be unrepeatable.

Keywords: Railway accident, Alcafache, press analysis.

DOI: https://doi.org/10.14195/978-989-26-1386-4_7

Como seria, hoje, se nos víssemos confrontados com um novo alcafache?

Era um fim de tarde, aquele fim de tarde do dia 11 de setembro de 1985, apenas aparentemente igual a tantos outros. De repente, a informação sobre um acidente ferroviário em Alcafache, entre Nelas e Mangualde, tudo alterava.

Dois comboios, um proveniente do Porto e com destino a França, outro procedente da Guarda em direção a Coimbra, chocavam frontal e violentamente, naquele troço da Linha da Beira Alta. Tratava-se, como desde logo lhe chamava um bombeiro presente nos trabalhos de socorro, de *"uma grande tragédia"*.

As carruagens sinistradas, tomadas pelo fogo, transformavam-se no que *"parecia o inferno"*, onde havia *"mortos e sangue por todo o lado"*, e *"muitas pessoas ardiam vivas"*, de acordo com os relatos que nos chegavam.

Não consigo recordar em pormenor – como em tantos outros aspetos, a memória seletiva que nos defende, e com que nos protegemos, funcionou plenamente – muito do que aconteceu. Mas sei que saí de Coimbra em direção ao local do sinistro com o então responsável máximo dos bombeiros da Região Centro, e meu amigo, Ribeiro de Almeida. Para viver, ali, aqueles que foram, com certeza, alguns dos momentos mais desagradáveis e difíceis da minha vida de jornalista (fig. 1).

Envolto num turbilhão de sentimentos, quantas vezes contraditórios, que sempre nos assaltam em situações assim dramáticas, quase limite, lembro, sobretudo, os cheiros que ainda hoje guardo. Especialmente o do odor a carne queimada. Que me vem acompanhando e, julgo, me acompanhará sempre.

Não será difícil imaginar o terrífico quadro que se vivia naquele pinhal da Beira. O horror dos mortos e dos feridos, os corpos destroçados e carbonizados, o estupor dos presentes, o empenhamento e entrega dos agentes de socorro.

Com limitações enormes nos meios técnicos disponíveis – a comparação com os recursos atuais é coisa de ficção – tudo era feito com esforço pessoal inaudito. Estava ali, perante a desgraça, a expressão da nossa melhor capacidade comunitária.

Se a proteção civil repousa, ainda hoje, essencialmente, nos bombeiros, a atividade de socorro era, naquele tempo, quase exclusivamente garantida por

Era dantesco o quadro que se oferecia ao jornalista quando, cerca da meia-noite de anteontem a nossa reportagem atingia o local do sinistro. As composições envolvidas no acidente, indiscritível amalgama de ferros, retorcidos e fumegantes, pareciam ser o prenúncio do Apocalipse. Por todo o lado surgiam escombros, alguns cadáveres permaneciam amalgamados nos destroços, percebia-se no ar o cheiro forte da desgraça.
À luz dos holofotes, bombeiros continuavam, cinco horas após o violento abalroamento, a retirar de uma das carruagens ardidas, através das janelas ou de abertura feita no tejadilho, pedaços de corpos esquartejados e terrivelmente queimados, enquanto se buscavam ainda eventuais vítimas no interior calcinado daquela viatura-cama.

O impacto do choque foi, é seguro, violentíssimo, já que os comboios circulariam, em sentidos opostos de uma mesma via, a boa velocidade. Movida a gasóleo, uma das locomotivas explode de imediato, provocando o incêndio que se propaga à primeira das 5 carruagens do comboio regional e a três das sete que constituíam a composição internacional que se dirigia para Vilar Formoso. À violência do abalroamento, junta-se a voragem do fogo. O pânico instala-se entre os 450 passageiros. É o horror.

Uma ambulância dos voluntários de Castro d'Aire que ocasionalmente transita na zona dá o alarme para os bombeiros de Mangualde. Num apelice, afluem ao local mais de uma vintena de corporações da região. O comando operacional é assumido por Américo Borges, de Canas de Senhorim, que à função de bombeiro alia a qualidade de médico.

Quando as primeiras unidades de socorro atingem os comboios, dez minutos depois da colisão, muitos dos passageiros sobreviventes deambulam, atónitos, pelos pinhais entretanto também incendiados. Alguns tinham logrado atingir mesmo a estrada.

Numa primeira triagem, enquanto se combate o fogo — e o calor era insuportável, tal a fornalha (crematória?) em que se constituíam as composições — evacuam-se rapidamente os primeiros feridos, conduzindo-se os mais graves ao Hospital de Viseu, enquanto os que apresentavam lesões menores eram transportados para os estabelecimentos de saúde de Nelas, Mangualde e Santa Comba Dão.

Efectivos da Guarda Nacional Republicana, de todas as secções do distrito, excepto a de Lamego, montam protecção ao local, guardam valores, sobretudo, disciplinam o trânsito, mantendo abertas exclusivamente para as viaturas de socorro as estradas da área.

Ali, no fumegante pinhal, junto aos destroços dos comboios, à dor dos sinistrados junta-se a dor dos socorrentes. Porque a qualquer um impressiona ver um semelhante ser pasto de chamas, retirar do primeiro o corpo mutilado, topar ali com a indefesa criança esmagada pelos ferros disformes. Em tempo útil acorreu-se, prioritariamente, aos vivos. Havia então que iniciar a penosa, melhor diríamos macabra tarefa de cuidar dos mortos.

No local encontravam-se, cerca das onze horas, os secretários de Estado das Comunicações, Raul Junqueiro, e do Fomento Cooperativo, Armando Lopes. Logo depois, dando seguimento à

«romaria» habitual nestas circunstâncias, chegava o secretário de Estado da Defesa, Figueiredo Lopes. O Presidente da República atingia Alcafache à 1.45 da madrugada, em presença que considerou «não ter outro significado senão o de acompanhar todos quantos aqui estão a trabalhar», enquanto pretendia ser, também, uma presença de «solidariedade e de pesar».

Mário Soares chegou pouco depois das 3 horas da madrugada, acompanhado pelos ministros Maldonado Gonelha, Eduardo Pereira e Carlos Melancia. Este responsável pelos transportes, logo após a sua chegada, denunciou, sem conhecer pormenores do sinistro, que o material da CP está «velho, em adiantado estado de degradação, e a exigir um plano de melhoramento».

TRAGÉDIA NÃO TEVE PROPORÇÕES RECEADAS

A tragédia ferroviária de Alcafache, ca-

tástrofe impressionante que terá ceifado a vida a meia centena de passageiros e lançado para as camas dos hospitais cerca de 150 pessoas, não assumiu, mau grado o terrível dos números, as proporções que se receavam e que eram, aliás, indiciadas pelo horrendo aspecto da zona sinistrada.

Com efeito, pesem embora as nefastas consequências em termos de prejuízos humanos e materiais, tudo apontava, numa primeira análise, para um muito maior número de vítimas já que — importa não o esquecer — viajavam nas composições 450 passageiros.

mento vivido no local da tragédia às primeiras horas de ontem quando, ultrapassado que fora o período mais agudo de desencontros de informação e até da perplexidade reinante nos espíritos dos socorristas, se podia começar a fazer, enfim, um balanço provisório do sinistro.

Havia números concretos de acidentados hospitalizados, sabia-se quantos cadáveres se recolhiam já nas morgues das unidades de saúde mobilizadas, as vítimas ainda da entre os escombros estavam quase todas localizadas e os valores apresentados ficavam, felizmente, muito aquém dos inicialmen-

Percebia-se e[...]
o cheiro fort[...]

Embora seja extremamente difícil ao jornalista defender uma tal posição, por sua subjectiva poderá ser discutível, a verdade é que foi esse o senti-

te anunciados. Dos 300 mortos referidos encontravam-se 52 corpos, dos feridos havia notícia de que os mais deles não padeciam de lesões tão graves como se poderia supor.

Mas que razões estariam, afinal, por trás de um tal quadro, impressionante embora? Em primeiro lugar, e correndo o risco de cometermos tamanho erro de avaliação, até por ausência de fundamentos técnicos, cremos que o facto do embate se ter verificado frontalmente, entre duas poderosíssimas motoras, ambas de enorme peso, poderá ter amortecido de forma notória o choque, cujas ondas seriam transmitidas às carruagens com menos violência. E tanto que as viaturas, se bem que carbonizadas muitas delas, mantinham quase intactas as suas estruturas, facto não vulgar em acidentes deste tipo. Depois, e aqui segu-

ramente o afirmamos, a certeza do fácil acesso ao local do sinistro, apenas a alguns metros da estrada nacional e não longe de vilas cujas corporações se encontram minimamente equipadas em meios para enfrentar de situações afins. Por fim, e acrescido ao natural instinto de sobrevivência — nestas circunstâncias sempre determinante — o bom grau de preparação, de querer, de generosidade e de organização dos vários socorristas, desde os sempre prestimosos bombeiros aos médicos, dos elementos da Guarda Nacional Republicana ao popular anónimo, sempre pronto a auxiliar, no transeo seu semelhante.

Só assim, acreditamos, por tanto quanto se disse, foi possível evitar-se a tragédia ainda maior, o minorar das consequências, já em si tão gravosas, do maior acidente ferroviário algum dia ocorrido no nosso País.

por Cabral de Oliveira, correspondente de «O DIA» em Coimbra

Fig. 1 - Inicío da primeira reportagem no local.

Fig. 1 - Start of the first on-site report.

119

esse escol de cidadãos, a grande maioria constituída por voluntários, um pouco, também, pela Cruz Vermelha Portuguesa.

Recordemos os meios então existentes: raras viaturas com pouco mais do que uma motobomba e meia dúzia de sarilhos de mangueiras e algum material sapador, (começava então a ser distribuído o primeiro material de desencarceramento), outras, menos ainda, com tanques de água, a que se juntavam, apenas uma ou duas por corporação, não ambulâncias, antes singelas automacas.

E a preparação do pessoal, empenhadíssimo embora nas suas missões, era mínima em termos de fogo, mais parca, se possível, no que respeita aos serviços de saúde.

O progresso alcançado, a realidade atual, quer de um, quer do outro, é incomparável.

Os corpos de bombeiros, muitos com pessoal profissionalizado, apresentam agora elevados graus de formação; os meios disponíveis – todo um vasto aparato de veículos contra incêndio, de desencarceramento, de ambulâncias pré-hospitalares, de unidades móveis de comando – respondem às maiores exigências; os equipamentos de proteção individual asseguram níveis de grande segurança; as redes rádio são instrumentos indispensáveis.

Uma realidade, outra, que nos permite olhar a eventual ocorrência de sinistros com a garantia absoluta de excelentes recursos.

A que acresce a existência do Instituto Nacional de Emergência Médica, com uma vasta logística e rica panóplia de ambulâncias medicalizadas, de helicópteros próprios, de postos avançados para triagem de feridos; a Autoridade Nacional de Proteção Civil, devidamente estruturada e disseminada pelo país; a GNR e a PSP, com melhores meios para bem garantirem a ordem pública. Para além, obviamente, de uma moderna rede hospitalar.

Naquele difícil dia 11 de setembro, quase 31 anos atrás, também nós, homens dos jornais, vivíamos circunscritos a quase nada na missão de levar a informação ao país. Recolhiam-se as notas possíveis que, mais tarde, de um qualquer café, ditaríamos para as nossas redações. Procurando lutar contra a especulação, o exagero que, em tais circunstâncias, sempre ocorre. Porque nem tudo o que, voluntariosamente, se relatava, tinha acontecido. Eram as contradições, o exagero, até mesmo as algumas inverdades que o horror quase tornava realidade.

Quanto difícil foi tentarmos apurar, lembro, o número de vítimas. Seriam os trezentos mortos que algumas fontes então nos asseguravam? Ou as algumas dezenas de corpos que conseguíamos contar?

"Ninguém sabe quantos morreram", titulava, na edição de 13, *"O Comércio do Porto"*, que, na véspera, tinha noticiado 200 mortos . Ou mais de 100, como dizia o *"Diário de Notícias"*? Ou as *"centenas de vítimas"* de que se dava nota, cauteloso, *"O Dia"* (fig. 2)?

A ausência de uma estrutura oficial que nos garantisse números corretos – ou pelo menos tendencialmente credíveis – foi, ali, sem questão, o grande problema que se nos levantava naquelas horas iniciais. Em que as atenções estavam, obviamente, mais viradas para o socorro e, menos, para a informação pública. Mas que, contudo, apesar de menos relevante, reconheça-se, era fundamental levar aos portugueses.

E que, com imensas dificuldades, a partir do quase pandemónio instalado, alcançámos fazer. Cheia de erros e omissões, que notamos sobretudo agora, mas logo reconhecíamos. Como o fez, permito-me citar, João Paulo de Oliveira, do "Diário Popular", na peça *"A tragédia e suas proporções"*, quando escrevia que, se *"os jornalistas são historiadores do efémero"*, os jornais são, *"constrangidos por limites de tempo de feitura, escravos de horas de entrada nas máquinas"*. *"A tragédia de Alcafache é paradigmática deste risco inevitável, as manchetes da imprensa significarão, pela discrepância, uma girândola de especulação"*. Para dizer, ainda, que *"não faltará quem acuse os jornalistas de mentirosos ou alarmistas"*, quando, afinal, *"as páginas dos jornais portugueses transmitiam a informação disponível, o cálculo plausível, a confidência razoável"*.

É, pois, numa perspetiva de procurar evitar erros futuros, com base na experiência, que nos propomos fazer, necessariamente breve, uma análise diacrónica das reportagens da imprensa escrita nacional, lançando um olhar sobre fotografias que agora, seguramente, não editaríamos.

Vejamos, pois, como foi – e não correu nada bem –, a cobertura noticiosa dos jornais diários de grande expansão que então se publicavam em Portugal (fig. 2). E façamo-lo, por opção, confinados às três edições sequentes ao acidente.

Fig. 2 - Capas de matutinos do dia seguinte ao acidente (12 de setembro).

Fig. 2 - Covers of morning journals after the accident (September 12).

Comecemos pelas manchetes do dia 12, com os matutinos Diário de Notícias a falar em «*Mais de 100 mortos*»(fig. 2a), número repetido no Jornal de Notícias, o Primeiro de Janeiro a contar mais de 300 vítimas mortais (fig. 2b), O Dia a referir «centenas de vítimas" (fig. 2c), O Diário a contabilizar "Dezenas de mortos e centenas de feridos" (fig. 2d), o Correio da Manhã a anunciar "*Centenas de mortos*" (fig. 2e) e O Comércio do Porto a noticiar "*mais de 200 mortos*" (fig. 2f). Um par de horas mais tarde, nos vespertinos, A Tarde, escrevia sobre uma "*Noite de angústia e solidariedade*" (fig. 3a), A Capital, destacava o "*Inferno*" vivido (fig. 3b), e o Diário de Lisboa precisava, em título maior que, no "*Rescaldo de Alcafache: mortos, talvez mais de 50*" (fig. 3c).

Em termos de cobertura noticiosa, o portuense «Jornal de Notícias» destacou-se, notoriamente, como o diário que mais ampla atenção dispen-

Fig. 3 - Primeiras páginas dos vespertinos do dia seguinte ao acidente (12 de setembro).
Fig. 3 - First pages of the evening newspapers in the day after the accident (September 12).

sou ao acidente quando, logo no primeiro dia, decidiu imprimir uma edição especial de 16 páginas, que implicou, também no local, uma vasta equipa de 20 jornalistas.

«O Comércio do Porto», que, aquando dos grandes acontecimentos noticiosos, costumava acompanhar o seu colega nortenho com idênticas iniciativas, optou, na ocasião, por dedicar à ocorrência um amplo número de páginas na edição normal; o mesmo acontecendo com o lisboeta "Diário de Notícias" e o "Correio da Manhã" que, nesse dia, fez uma segunda edição.

Sobre o acidente, o JN publicou um conjunto de 26 páginas (16+8+2); o CP 23 (7+14+2); o PJ, 14 (5+5+4); O Dia, 8 (1+6+1); o DN, 10 (2+6+2); e o CM 12 (2+2+7+1). Dos vespertinos, o DP alongou-se por 17 páginas (9+6+2); o DL, por 11 (6+3+2); e A Capital, por 15 (9+5+1).

Tratou-se, pois, de uma ampla cobertura noticiosa (136 páginas), constatando-se que, após uma enorme atenção nos primeiro e segundo dia, se notou, ao terceiro, uma quebra acentuada, para logo o tema sair da mira mediática.

Em termos de títulos, destaque, como já sublinhámos, para os números iniciais de vítimas mortais, absolutamente exagerados, o que obrigou a generalidade dos matutinos a correções – e justificações – na edição seguinte (fig. 4). Para o

Fig. 4 - O Diário Popular mostrava as primeiras páginas da imprensa portuguesa.
Fig. 4 - The "Diário Popular" newspaper showed the first pages of the Portuguese press.

Jornal de Notícias, a tragédia era *"menor do que se temia"* (fig. 5a) e *"as cinzas não se podem contar"* (fig. 5b), O Comércio do Porto perguntava, na mesma linha, *"quantos ficaram reduzidos a cinzas?"* (fig. 5c) e o Correio da Manhã dizia *"ainda há cadáveres nas cinzas"* (fig. 5d). Isto enquanto, com os restantes, se iam atualizando os números, aproximando-os da verdade que, nas primeiras horas, não conseguimos apurar (fig. 4).

a

JORNAL DE NOTÍCIAS

Os mortos devem ser à roda de meia centena

TRAGÉDIA DE ALCAFACHE MENOR DO QUE SE TEMIA

● Falha humana: reconhece o relatório preliminar

b

AS CINZAS NÃO SE PODEM CONTAR...

CADÁVERES RECOLHIDOS EM ALCAFACHE NÃO CORRESPONDEM AO NÚMERO DE MORTES

● CP prepara relatório ● Circulação de comboios está a normalizar-se

GOVERNO QUER SABER COMO É

DESAPARECIDOS E MORTOS - UMA MESMA NEGRA VERDADE?

IDENTIFICADO CORPO DA MÃE DA PEQUENITA DE VALENGO

c

QUANTOS FICARAM REDUZIDOS A CINZAS?

CHEGAM REACÇÕES DE PESAR DE TODOS OS QUADRANTES

A «FALHA HUMANA»

d

24 HORAS NO BRASEIRO DE ALCAFACHE

Apesar de não se confirmarem as previsões mais trágicas quanto ao número de mortos

CORREIO da manhã

Reportagem dos enviados especiais nas páginas 4 a 9

AINDA HÁ CADÁVERES NAS CINZAS

Espanhol já sobreviveu a 3 acidentes e salvou agora 15 pessoas

Alguns feridos já chegaram a Lisboa

Fig. 5 - Era grande a incerteza sobre o número de vítimas.

Fig. 5 - *There was great uncertainty about the number of victims.*

No que se refere a conteúdos, todos os jornais, que fizeram deslocar para a Beira Alta equipas de reportagem próprias, recorreram ainda a peças das agências Lusa e Notícias de Portugal. O ambiente vivido, as operações de socorro e o envolvimento de helicópteros, a doação de sangue, testemunhos, a identificação dos sinistrados, a procura das causas do acidente, o relato de dramas pessoais, o cheiro a queimado e a desgraça, a solidariedade internacional, e as condolências do Papa João Paulo II, eram uma constante.

Quanto a cobertura fotográfica, ela foi muito profusa, sobretudo em dimensão, já que a sua qualidade, admita-se, era frágil. Imagens gerais das carruagens e pormenores do horror – a que não faltaram algumas, demasiadas, absolutamente lamentáveis, de restos humanos, e que jamais deveriam ter sido editadas –, completam, em substância, o que de melhor, e sobretudo pior, se publicou (fig. 6).

Recordando o que então escrevi (fig. 1), lembro o quadro dantesco; a amálgama de ferros, retorcidos e fumegantes que pareciam ser o prenúncio do Apocalipse; os cadáveres que permaneciam ainda nos destroços; o cheiro forte da desgraça que se percebia no ar; o esforço dos bombeiros que continuavam, cinco horas após o violento abalroamento, a retirar pedaços de corpos esquartejados e terrivelmente mutilados.

Depois de descrever o cenário de horror que se vivia – a ambulância de Aguiar da Beira que deu o alerta; a assunção do comando operacional por Américo Borges, comandante de Canas de Senhorim; o socorro e evacuação de feridos para o hospital de Viseu e centros de saúde mais próximos; o atónito deambular dos sobreviventes pelos pinhais entretanto também incendiados; os efetivos da Guarda Nacional Republicana a montarem proteção ao local – falava da dor dos sinistrados a que se juntava a dor dos socorristas já que a qualquer impressionava ver um semelhante ser pasto de chamas, o retirar do braseiro de um corpo mutilado, o topar com a indefesa criança esmagada pelos ferros disformes.

E continuava com a habitual, e politicamente correta, «*romaria*», desde o secretário de Estado das Comunicações, o da Defesa, o Presidente da República, Ramalho Eanes, também de Mário Soares (fig. 7), primeiro-ministro. Para sublinhar, depois, os possivelmente 150 feridos e a meia centena de mortos,

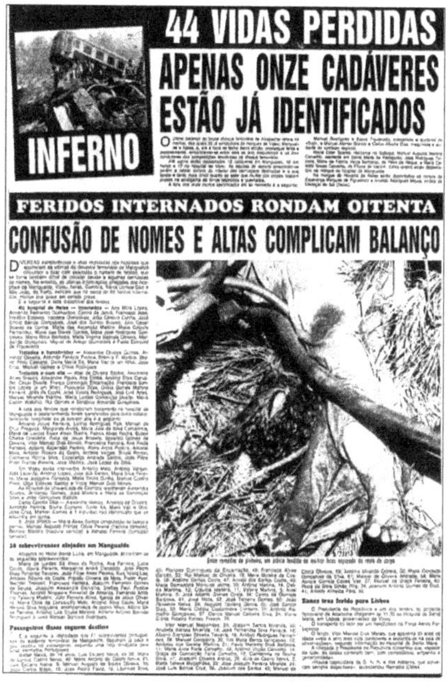

44 VIDAS PERDIDAS

APENAS ONZE CADÁVERES ESTÃO JÁ IDENTIFICADOS

INFERNO

FERIDOS INTERNADOS RONDAM OITENTA

CONFUSÃO DE NOMES E ALTAS COMPLICAM BALANÇO

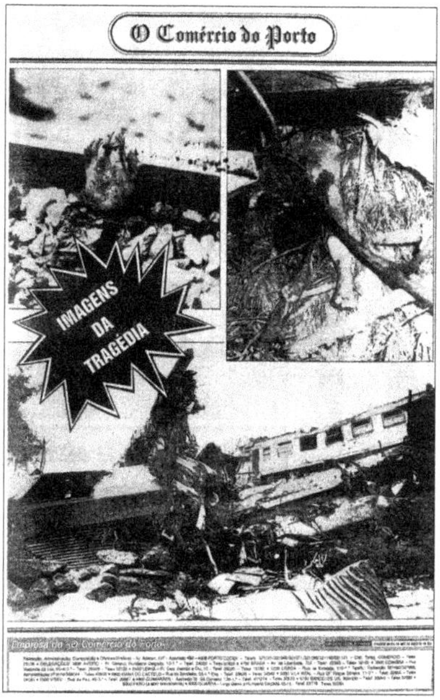

O Comércio do Porto

IMAGENS DA TRAGÉDIA

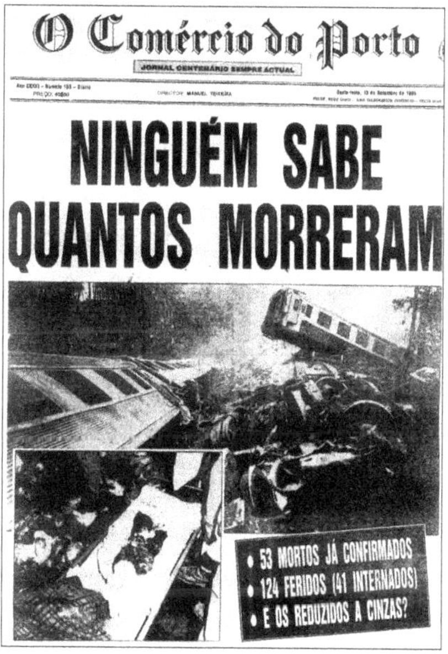

O Comércio do Porto

JORNAL CENTENÁRIO SEMPRE ACTUAL

NINGUÉM SABE QUANTOS MORRERAM

• 53 MORTOS JÁ CONFIRMADOS
• 124 FERIDOS (41 INTERNADOS)
• E OS REDUZIDOS A CINZAS?

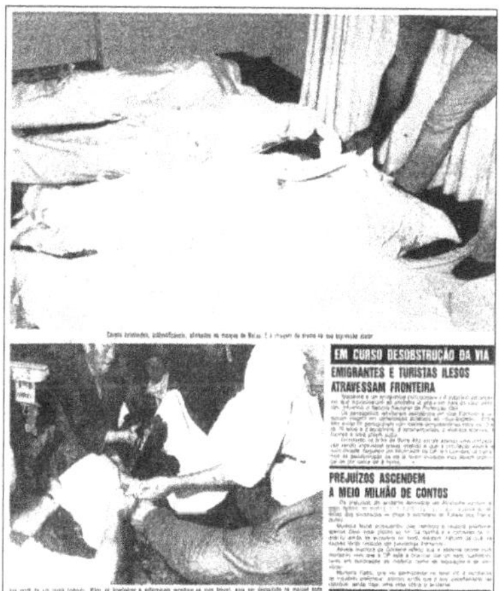

EM CURSO DESOBSTRUÇÃO DA VIA

EMIGRANTES E TURISTAS ILESOS ATRAVESSAM FRONTEIRA

PREJUÍZOS ASCENDEM A MEIO MILHÃO DE CONTOS

TV ESPANHOLA INTERROMPE EMISSÃO

IFÍCIL IDENTIFICAR MORTOS

ABEÇAS REDUZIDAS TAMANHO DE PUNHO

NOTICIÁRIOS INGLESES ABREM COM O DESASTRE

Fig. 6 - Imagens, mesmo aquelas que não deveriam ter sido editadas, mostram a tragédia.

Fig. 6 - Images, even those that should not have been edited, show the tragedy.

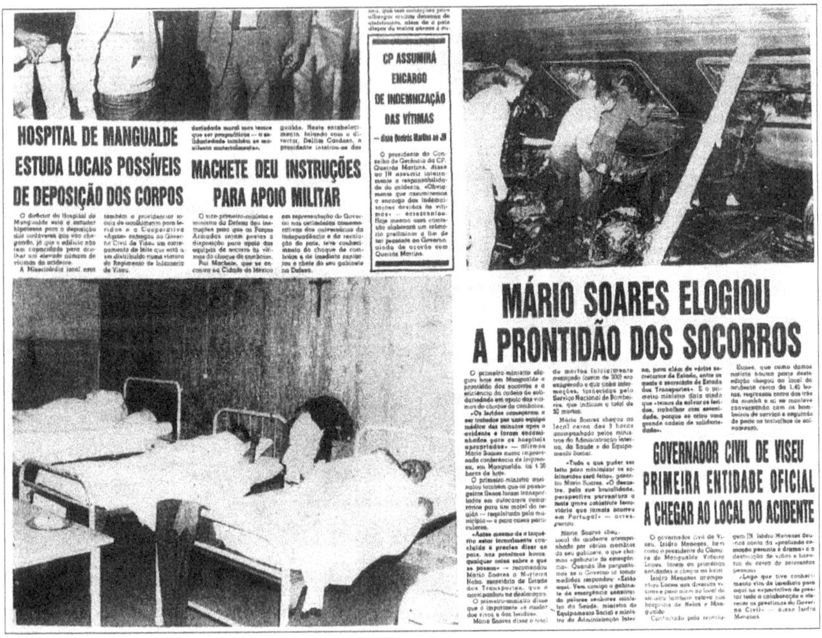

HOSPITAL DE MANGUALDE ESTUDA LOCAIS POSSÍVEIS DE DEPOSIÇÃO DOS CORPOS

MACHETE DEU INSTRUÇÕES PARA APOIO MILITAR

CP ASSUMIRÁ ENCARGO DE INDEMNIZAÇÃO DAS VÍTIMAS

MÁRIO SOARES ELOGIOU A PRONTIDÃO DOS SOCORROS

GOVERNADOR CIVIL DE VISEU PRIMEIRA ENTIDADE OFICIAL A CHEGAR AO LOCAL DO ACIDENTE

Fig. 7 - Diferentes cenários do socorro prestado.

Fig. 7 - Different scenarios of help provided.

números que, embora terríveis, eram, perante as proporções do desastre, menores do que se receara.

A reportagem prosseguia com os desencontros de informação (dos 300 mortos referidos encontravam-se 52 corpos, os feridos, uma centena e meia, não eram afinal tão graves), para então concluir com referências ao grau de preparação, querer, e generosidade dos socorristas, dos prestimosos bombeiros, médicos, e elementos da GNR, do popular anónimo, sempre pronto a auxiliar, no transe, o seu semelhante, naquele que foi o maior acidente ferroviário algum dia ocorrido no nosso país.

É, julgo, de uma enorme pertinência a temática hoje em análise neste X Encontro Nacional de Riscos. Não tanto para revisitarmos o acidente e as suas circunstâncias, mas sobretudo para retirarmos lições de futuro que nos permitam melhorar os nossos comportamentos. Sejam eles de socorro (que ficam naturalmente para outros), sejam, e sobre elas me atenho particularmente, os da informação.

Como seria, hoje, se nos víssemos confrontamos com um novo Alcafache? Disporíamos já de estruturas fiáveis para nos facilitarem as tarefas na nossa indispensável missão de informar? Teríamos serviços de assessoria de imprensa, sala de informação, notas à comunicação social, garantia de fotografias, meios técnicos, estaria assegurada a existência de um porta-voz oficial?

No que concerne à informação pública, o que poderíamos, pois, encontrar? Infelizmente, temo-o bem, nada que nos orgulhasse muito. De um lado, debater-nos-íamos com o sensacionalismo que hoje a tantos empenha; do outro, iríamos defrontar-nos com a generalizada utilização de telemóveis, que faz de qualquer impreparado cidadão um potencial emissor.

A democratização da capacidade de transmitir informações através de meios eletrónicos, sem qualquer mediação ou regulação por quem não é eticamente responsabilizável, o uso de ferramentas como, apenas dois exemplos, o Facebook ou o Twitter, fazem-me recear, pelo menos numa fase inicial, um quadro de generalizada confusão comunicacional.

E quanto aos jornalistas, eles próprios? São também sérias as minhas preocupações. Não que os profissionais de hoje sejam piores do que os de então – em boa verdade até estão melhor preparados –, mas a precariedade e a desvalorização profissionais são, agora, definitivamente limitadoras. Quando, outrora, se nos exigia, sobretudo na rádio e na televisão, sobriedade e recusa de sensacionalismo, mesmo de emotividade, hoje parece cultivar-se o contrário.

Mal dirigidos por chefias comprometidas com os poderes estabelecidos, também vencidos pelas exigências empresariais que se movem não pelo interesse público, mas pelo lucro fácil assente nas tiragens e nos «*shares*», como poderão eles exercer, plenamente, a sua exigente missão?

Afinal, como dizer não à «*festa*» do fogo, mostrando não a beleza dantesca das chamas, mas o desolador manto queimado que delas resulta; como dizer não ao «espetáculo» do acidente, recusando imagens degradantes, para se evidenciar, pelo contrário, o terrível saldo negativo da perda de vidas e de bens que dele resulta?

O que aconteceu em Alcafache, não pode voltar a suceder. E as carências de 1985, não podem ser, agora, os excessos de hoje.

Se não o conseguirmos, desde logo nós próprios, através dos princípios da ética jornalística, que se faça, então – em nome dos valores civilizacionais –, também através da lei que nos organiza enquanto sociedade, pela intervenção de entidade reguladora.

Defendo, sempre o fiz, a dignidade da pessoa humana, pugnarei, sem hesitação, pelos direitos da privacidade na vida e na morte. E fá-lo-ei, permanentemente, no inteiro respeito pelo dever de informar e de ser informado, de acordo com os valores do jornalismo livre e plural.

A propensão dos portugueses para olhar a desgraça alheia, para o sensacionalismo, não pode ser alimentada pelos meios de comunicação social, tem, pela inversa, de ser por eles combatida.

A liberdade de imprensa é um bem absoluto e inalienável, caracterizador das sociedades democráticas, e por ela nos bateremos sem desfalecimento. Mas à liberdade de imprensa tem de corresponder, por igual, um enorme sentido de responsabilidade, a que obrigam, de forma indeclinável, as normas deontológicas dos jornalistas.

Na selva mediática em que está transformado o nosso presente, torna-se cada vez mais importante, indispensável mesmo, a atividade mediadora do jornalista. Cuja ação tem de repousar na sua credibilização pessoal, na respeitabilidade e confiabilidade dos órgãos de comunicação social.

Se os bombeiros são, já o dissemos, parte essencial da atividade da proteção civil, descentralizando-a e operacionalizando-a por todo o país, é à ANPC que compete a enorme tarefa da sua organização. Que, sustentadamente, entre muitas outras preocupações, tem de saber apoiar, como uma das suas mais importantes componentes, o trabalho jornalístico.

Qualquer ocorrência reveste, ou ganha, em si mesma, diferentes dimensões. Para todas elas – de âmbito local, regional ou nacional – é indispensável encontrar respostas tecnicamente consistentes ao nível da comunicação. Pelo que urge encontrar soluções estruturadas para o pequeno sinistro, o acidente médio, a grande catástrofe.

Se, no primeiro caso, ela poderá ser garantida com o contributo de voluntários, a estrutura de comunicação, de um ponto de vista mais alargado, pode recorrer aos serviços próprios dos municípios, envolvendo os profissionais já existentes, a quem deverá ser garantida uma preparação técnica de entrosamento nas exigências específicas do socorrismo.

Para situações mais graves, há que encontrar as respostas indispensáveis no quadro dos comandos distritais da APC, através de serviços de imprensa, permanentes, atualmente só instalados, julgo, na estrutura central, em Lisboa.

Bem sei – e os meus camaradas jornalistas tanto mo asseguram – que a resposta dos CDOS é hoje suficientemente positiva, dependendo embora, e muito, dizem-me, do caráter do seu comandante, normalmente disponível para uma efetiva colaboração.

Pelo que importa, assim, que, por igual, estes níveis da organização fiquem dotados de tais meios profissionais que, corretamente integrados nos sistemas de operações de socorro, o sejam, também, nas suas ligações, não raro complexas, com os jornalistas.

É certa, e da maior importância, a existência de um oficial de relações públicas, responsável por um conjunto de competências que incluem, nomeadamente, prestar informações aos órgãos de comunicação social, preparar briefings, dossiers e conferências de imprensa, informar o comando sobre solicitações dos jornalistas, acompanhar e transmitir ao COS as notícias difundidas, e organizar visitas aos locais de interesse nas zonas de intervenção.

Mas essa função, relevantíssima, terá de ser otimizada, para além das relações públicas – que em boa verdade nada têm a ver com jornalismo – com a existência, oficiais do mesmo ofício, de assessorias de imprensa.

Com as quais queremos significar, afinal, a bem dos portugueses e do socorrismo, um conjunto de estruturas que nos permitam viabilizar, em interesse mútuo, uma melhor prestação também de serviços de comunicação e de informação em cenário de operações de socorro.

Bibliografia

A Capital:

Ano XVIII (2.ª série), n.º 5616, quinta-feira 12 de setembro de 1985.

Ano XVIII(2.ª série), n.º 5619, quinta-feira 12 de setembro de 1985.

A tarde:

N.º 835, II série, quinta-feira 12 de setembro de 1985.

Correio da manhã:

Ano VII, n.º 2341, quinta-feira 12 de setembro de 1985.

Ano VII, n.º 2342, sexta-feira 13 de setembro de 1985.

Diário de Noticias:

Ano 121, n.º 42 546, quinta-feira 12 desetembro de 1985.

Diário de Lisboa

Ano 65, n.º 21 857, quinta-feira 12 de setembro de 1985.

Diário Popular:

Ano 44, n.º 14792, sexta-feira, 13 de setembro de 1985.

Jornal de Notícias

Ano 98, n.º 103, quinta-feira 12 de setembro de 1985.

Ano 98, nº 104, sexta-feira, 13 de setembro de 1985.

Ano 98, nº 105, sabado, 14 de setembro de 1985.

O Dia:

Ano X, n.º 3067, quinta-feira 12 desetembro de 1985.

Ano X, n.º 3068, 13 de setembro de 1985.

O diário:

Ano X, nº 3205, quinta-feira 12 desetembro de 1985.

O Comércio do Porto:

Ano CXXXI, n.º 102, quinta-feira 12 de setembro de 1985.

Ano CXXXI, n.º 103, sexta-feira 13 de setembro de 1985.

O Primeiro de Janeiro:

Ano 117, n.º 246, 12 de setembro de 1985.

SÉRIE
RISCOS E CATÁSTROFES

Títulos Publicados (2015):

Títulos Publicados (2016):

Títulos Publicados (2017):

Livros em redação/composição (2017):

Tomos em preparação (2018):

www.ingramcontent.com/pod-product-compliance
Lightning Source LLC
Chambersburg PA
CBHW072157270326
41930CB00011B/2470